GEWOON WAT EEN STUDENTJE 'S AVONDS EET.NL

Tekst & Beeld Leonie ter Veld
Auteursfoto's Tine Schoemaker

Uitgeverij Brandt
Amsterdam 2018

INHOUD

HALLO DAAR!

Wat tof dat je mijn boek in handen hebt! Mijn naam is Leonie ter Veld en op GEWOON WATEENSTUDENTJESAVONDSEET.nl schrijf ik dagelijks voor 10.000 lezers over mijn simpele en lekkere avondeten. Hoe mijn blog zo groot is geworden? Via Facebook. En hoe het allemaal begon? Ook via Facebook.

Toen ik nog student was, vond ik het altijd leuk om fatsoenlijk voor mezelf te koken. Dat hield in dat ik iedere avond iets anders at en bijna niet aan kant-en-klaarmaaltijden of diepvriespizza's deed. Ik vond het veel te leuk om zelf iets lekkers klaar te maken, te zorgen dat het er mooi uitzag en er een foto van op Facebook te plaatsen. Maar vergis je niet; ik kookte (en kook!) ook gewoon uit pakjes en had verder niet bijster veel verstand van ingewikkelde kooktechnieken en ingrediënten.

Door de *posts* op mijn Facebookprofiel hield ik mijn vriendenkring altijd op de hoogte van wat ik at. En kennelijk werkte dat inspirerend. Steeds vaker plaatsten mensen opmerkingen bij mijn foto's waarin ze zeiden dat ik een blog moest beginnen. Hoewel ik bloggen altijd superinteressant had gevonden, vond ik het idee van *mezelf* als *foodblogger* toch ietwat hoog gegrepen; wat wist ik nou van eten? En wat had ik nou te bieden met mijn simpele maaltijden die iedere idioot kon koken? Nou, precies dat dus.

Ik begon in september 2011 mijn blog GEWOON WATEENSTUDENTJESAVONDSEET.nl Een naam waar ik totaal niet over na had gedacht (en die superonhandig is op Twitter, #gewoonwateenstudentjesavondseet...), maar die wel heel goed de essentie van mijn blog omvat: gewoon, wat een studentje (ik in dit geval) 's avonds eet; niets meer, niets minder.

Hoewel ik in mei 2012 afstudeerde en mezelf dus geen student meer mocht noemen, bleef ik doorgaan met bloggen. Inmiddels werd mijn blog steeds populairder en in de zomer van 2013 had ik al 1000 lezers per dag en 1600 likes op Facebook. Supertof! Maar toen werd mijn blog opeens écht groot ...

In juni 2013 ging mijn blog plotseling *viral* over Facebook. Op een vrijdagmiddag ontdekte ik dat mijn Facebookpagina vanuit het niets van 1600 naar 1900 likes was gegroeid. 'WTF gebeurt er?!', dacht ik. Toen ik een paar uur later weer eens op de teller keek, was dat aantal gegroeid tot ruim 3000 likes. In al mijn naïviteit dacht ik dat Facebook stuk was. Toen ik de volgende ochtend nog eens een kijkje nam en de teller inmiddels op 18.000 likes stond, wist ik niet wat me overkwam. 'WAT?!' Na één weekend was mijn Facebookpagina gegroeid van 1600 naar 25.000 likes. SUPERVET! Hier reageerde ik natuurlijk totaal hysterisch op, dat snap je wel.

Inmiddels inspireer ik ruim 100.000 studenten (en niet-studenten!) met mijn simpele avondmaaltjes. Ik ben geen topkok en heb niet veel meer verstand van koken dan de gemiddelde student, maar ik hou wel van lekker eten en daar schrijf ik over op mijn blog. Het feit dat ik nu ook een kookboek mag uitbrengen, vind ik echt te cool voor woorden. Ik, die dus eigenlijk helemaal niet goed kan koken, breng een kóókboek uit. *Awesome!*

Verwacht geen ingewikkelde recepten met ingrediënten waarvan je nog nooit hebt gehoord. Nee hoor, de recepten zijn lekker makkelijk, alle ingrediënten zijn verkrijgbaar bij de supermarkt en vooral: het is allemaal heel erg gewoon.
Ik hoop dat de recepten in dit kookboek je weten te inspireren om zelf in de keuken aan de slag te gaan en de diepvriespizza eens opzij te leggen. Want onthoud: ik hou óók niet van koken, ik hou er niet van om uren in de keuken te staan en moeilijke dingen te maken. Maar ik hou wel van lekker eten. En jij vast ook. Toch?

Enjoy!

Leonie

LEUK VOORAF!

Er staan 176 uitroeptekens in dit kookboek.

Op 14 juni 2013 ging mijn blog *viral* over Facebook: in één weekend groeide mijn Facebookpagina van 1600 naar 25.000 likes. *Awesome!*

10 centimeter komkommer, *anyone?* Ik meet hoeveelheden komkommer met een meetlint; superhandig, dan weet je precies hoeveel je nodig hebt in een recept.

Mijn *guilty pleasure?* Aardappelpuree uit een zakje. *Love. It.*

Bakken kan ik niet. Zie je die 'cakejes' hiernaast? KEI-hard. En inderdaad, behoorlijk vervormd.

Ik ontbijt al drie jaar lang iedere ochtend met vier droge Cracottes. Genoeg inspiratie voor m'n avondeten, te weinig voor m'n ontbijt ...

De hoeveelheden in dit kookboek zijn behoorlijk uit de losse pols; ik eet altijd gigantische porties en heb dus geen idee hoeveel een normaal mens naar binnen schuift.

Don't try this at home: rijst met honingteriyakisaus, spruitjes en kipfilet. *Just don't.* #demisluktegerechtenvanLeonie

Ik knip m'n kipfilet in stukjes. Veel makkelijker dan snijden.

Diepvriespizza trouwens ook; knippen die handel. Voor als je geen pizzasnijder in huis hebt.

Je hebt nu gewoon een kookboek in handen van iemand die helemaal geen verstand heeft van koken! En dat vind ik zo tof!

DE ICOONTJES:

IDIOT PROOF — heel makkelijk

00:20 — bereidingstijd

1 2 3 — 1= weinig afwas
2= gemiddelde afwas
3= vieze afwas

♡ — favoriet

€ — goedkoop
€ € — betaalbaar
€ € € — duur

vega

MAAK HET JEZELF GEMAKKELIJK!

Er zijn een paar dingen waarvan ik heb ontdekt dat ze écht wel heel handig zijn om in huis te hebben. Eigenlijk zijn het heel voor de hand liggende dingen, maar het had mij veel tijd en moeite bespaard als ik dit aan het begin van mijn studentenleven al had geweten. Daarom zet ik ze voor je op een rijtje:

GOEDE MESSEN

De mesjes van de 1-euro-shops zijn misschien heel goedkoop en scherp als je ze net hebt aangeschaft, maar je keukenleven wordt écht gemakkelijker als je investeert in een goede messenset. Hoe relaxed is het als je je groenten snijdt en gewoon *takketakketak* alles zonder moeite fijnhakt? Het kost je even wat geld (#cadeautip), maar scheelt enorm in tijd, frustratie en moeite.

STAAFMIXER

Nooit gebruikte ik een staafmixer, tot ik er een kreeg. Wat een topding! Je koopt ze al voor 10 euro en dan kan de pret beginnen. Soepen, *smoothies,* pesto, tapenades: je kunt helemaal los. Een staafmixer is vandaag de dag onmisbaar in mijn keuken.

OLIJFOLIE EXTRA VIERGE

Ooit hoorde ik dat je niet moet koken met olijfolie *extra vierge*, maar dat advies heb ik nooit opgevolgd. Ik heb misschien niet veel verstand van koken, maar mijn motto is: als het maar goed smaakt. En dat doet het vaak met deze olie. Het is sowieso geweldig handig om in huis te hebben. Het maakt namelijk al je eten lekker. Heb je alleen aardappelen of groenten in huis? Huppakee: beetje olijfolie erover en in de oven! Hartstikke smakelijk. Heb je alleen brood in huis? Dippen in olijfolie met zeezout en je eet heerlijk. Ik gebruik deze olijfolie in bijna al mijn recepten. In huis halen dus! (Oh, en die van AH Huismerk is hartstikke prima).

BASIS SMAAKMAKERS: PEPER, ZOUT, KNOFLOOK

Wat je ook altijd bij mij in de keuken zult vinden zijn peper, zout en knoflook. Hoewel je het niet iedere dag allemaal gebruikt, is het handig om standaard in huis te hebben om je eten op smaak te brengen. Vooral knoflook in combinatie met olijfolie doet het goed.

DROOGVOER: PASTA EN COUSCOUS

De meeste studenten hebben altijd wel een pak pasta in de kast staan, maar ook couscous is een aanrader om standaard in huis te hebben. Allebei tot in de eeuwigheid houdbaar (ongeveer dan) en allebei supermakkelijk om snel een lekker maaltje mee op tafel te toveren. Zo is pasta met alleen olijfolie (die je vanaf nu dus ook altijd in huis hebt), peper en wat kaas al lekker. En couscous kun je ongeveer met iedere groente uit je koelkast combineren. Een beetje feta en wat zongedroogde tomaatjes erbij en je hebt al snel een heerlijk avondmaal (hoewel ... couscous met broccoli, feta en appelstroop – ja, hoe bedenk je het? – is niet echt aan aanrader. Maar dan ook echt niet).

ZONGEDROOGDE TOMAATJES & FETA

Couscous met zongedroogde tomaatjes en feta als basis is echt heel lekker. Voeg er wat extra dingetjes aan toe en je hebt altijd wat lekkers te eten. Zowel voor de lunch als voor het avondeten is dit heel geschikt.

Je hebt van die recepten die vrijwel iedere student kent, of in ieder geval zou *moeten* kennen. Die zo'n beetje aan de basis van je studentenleven staan. Een voorbeeld? 'Leidse kots', in al z'n varianten! Klinkt vies en corporaal, maar het is gewoon een heerlijk maaltje van pasta met roomkaas, kip, zalm of spekjes en spinazie en/of champignons. Daarnaast wed ik dat er geen studentenhuis in Nederland is waar nooit Mexicaanse wraps zijn klaargemaakt, ook zo'n echte studentenmaaltijd.

In het komende hoofdstuk geef ik je vier recepten die iedere student kent of zou moeten kennen. Voor als je net gaat studeren, je de hele studentenvereniging op bezoek krijgt en de plank niet mis wilt slaan, óf voor als je je weer even heel erg student wilt voelen. Biertje erbij en koken maar!

BASIS RECEPTEN

DIE IEDERE STUDENT ZOU MOETEN KENNEN

IDIOT PROOF 00:20 € €

MEXICAANSE OVENSCHOTEL

met gehakt, maïs, paprika, bonen, nacho's en heel veel kaas

Voor 2 personen:

- 250 gram half-om-half gehakt
- 1 gele paprika
- 100 gram maïs
- 200 gram kidneybonen
- 70 gram tomatenpuree
- 20 gram Tex Mex Mexicaanse kruiden
- olijfolie
- 1 zak nachochips met kaassmaak
- strooikaas

Bak het gehakt rul. Voeg de gesneden paprika, maïs en kidneybonen toe en bak dit zo'n 2 minuutjes mee. Doe er de tomatenpuree en de Mexicaanse kruiden bij en laat nog even pruttelen tot het niet meer supervochtig is. Doe alle saus in een ingevette ovenschaal en steek er nachochipjes in (lekker veel, met 1 hoekje naar boven – dit heeft geen reden, behalve dat het leuk staat). Strooi er flink wat kaas over en zet het 10 minuten in de oven op 180 °C. Koud biertje (Desperados) *on the side* en geniet van deze heerlijke machtige, enigszins ongezonde, Mexicaanse maaltijd!

Oh, een tip: de volgende dag zou ik geen belangrijke dingen plannen. Je weet wat Mexicaans eten met een mens doet...

IDIOT PROOF 00:05 €

PASTA CAPRESE

(mozzarella, basilicum en tomaat)

Voor 1 persoon:

- 75 tot 100 gram pasta naar keuze
- 10 cherrytomaatjes
- 150 gram buffelmozzarella
- 10 blaadjes verse basilicum

Lieve, gemakzuchtige koker. Dit is een van de makkelijkste gerechten die je óóit zult maken en waarschijnlijk ken je de combinatie van de ingrediënten allang. Het is zo makkelijk en tegelijkertijd zo lekker, dat iedereen dit recept moet kennen. Of in ieder geval eens moet proberen.

Kook de pasta gaar. Ik kies vaak voor verse pasta uit de koeling van de supermarkt. De kooktijd is korter en het is lekkerder. Verse pasta kook je in 4 minuten. Wat betekent dat je deze hele maaltijd in 5 minuten klaar zou kunnen maken. *Awesome!* Kook dus de pasta, snijd de tomaatjes in partjes en de mozzarella in plakken. Als de pasta gaar is verdeel je de tomaten en mozzarella erover en top je af met wat blaadjes basilicum. En dan; omnomnomnomnom! :D

IDIOT PROOF 00:10 €€

PASTA MET KRUIDENROOMKAAS, ZALM EN SPINAZIE

Voor 1 persoon:
- olijfolie
- een hand pasta
- zalmfilet (ca. 180 gram)
- 2 handenvol verse spinazie
- 3 eetlepels kruidenroomkaas

Ik weet niet hoe het kan, maar volgens mij kent iedere student deze maaltijd. Terwijl dit volgens mij niet de meest voedzame maaltijd is die je van huis uit meekrijgt voor als je op kamers gaat? *Anyway,* als je het recept nog niet kent, geef ik het nu aan je mee. Als student móet je dit een keer hebben klaargemaakt. Het is lekker, niet duur en heel gemakkelijk te bereiden. *Enjoy!*

Kook de pasta gaar. Snijd de zalm in stukjes en bak ze in ongeveer 5 minuten gaar in een koekenpan met olijfolie. Schep de zalm naar één kant in de pan en voeg de (grondig gewassen!) spinazie beetje bij beetje toe aan de andere kant in de pan. Je bakt de spinazie heel even, zodat het slinkt. Is je pasta inmiddels gaar? Doe dan de roomkaas bij de zalm en spinazie, zodat die smelt. Roer alles door elkaar en serveer de saus met de zalm bovenop de pasta. Eet smakelijk!

Gebruik voor dit recept kleine pastaschelpjes, penne of tagliatelle/spaghetti. De grote pastaschelpen op de foto waren namelijk verre van ideaal ... (had ik al gezegd dat ik geen verstand van koken heb?)

Er zijn allerlei variaties op dit recept mogelijk; zo kun je de zalm vervangen door kip of spekjes en de spinazie door prei, of voeg op het eind nog wat kookroom toe om het extra smeuïg te maken.

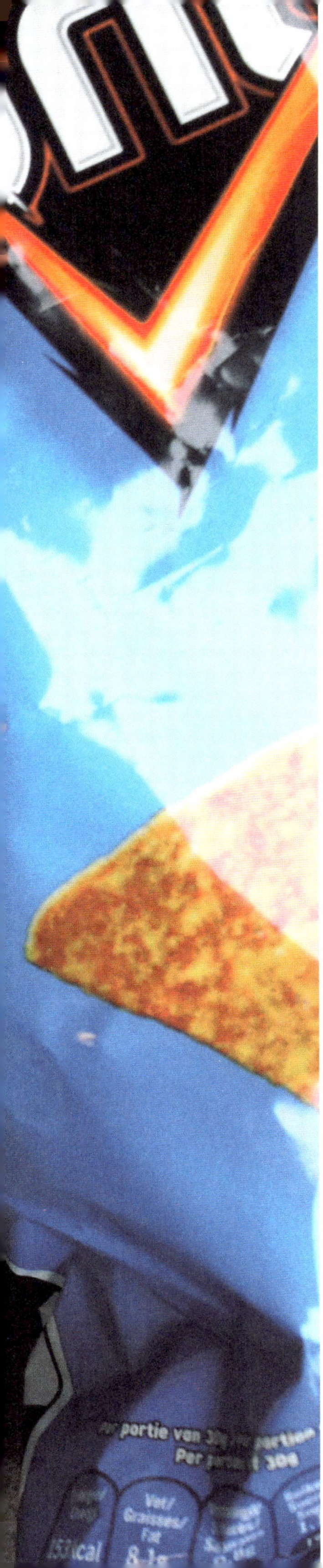

IDIOT PROOF 00:10 €€

SPAGHETTI BOLOGNESE

met gehakt, Italiaanse groenten en Doritos

Voor 1 persoon:
- 100 gram spaghetti
- 150 gram gehakt
- ½ zak Italiaanse wokgroenten (200 gram)
- ½ pakje Honig Spaghetti Bolognese
- Doritos

Mijn voorkeur gaat uit naar Cool American, maar Pure paprika en Nacho Cheese doen het ook goed in combinatie met deze spaghetti!

Dit is vast het enige kookboek in Nederland waarin een gerecht uit een pakje staat beschreven. Ik ben nou eenmaal iemand die zo nu en dan (lees: best vaak) uit pakjes kookt en ik ben gewoon gék op de Spaghetti Bolognese van Honig. Maar ik deel dit recept vooral met je omdat ik een heel lekkere variatie heb bedacht; eet er Doritos bij! (Huh, Doritos? Ja, geloof me!)

Kook de spaghetti in 8 minuten gaar. Bak ondertussen het gehakt rul en voeg daar vervolgens de Italiaanse groenten aan toe. Bak alles samen zo'n 3 minuten. Voeg dan de kruidenmix voor Spaghetti Bolognese toe met ongeveer een kopje water (staat aangegeven op de verpakking). Laat de saus lekker pruttelen. Giet de spaghetti af en serveer de saus bovenop. En dan het allerbelangrijkste ingrediënt: Doritos *on the side*. Ik eet mijn Spaghetti Bolognese niet meer zonder. Ieder hapje eet je op een chipje (vorken en lepels zijn vanaf nu totaal overbodig bij spaghetti!) en man, wat is dat lekker.

Ik ben een *foodblogger* en kennelijk denkt daardoor iedereen dat ik heel erg van koken hou. Terwijl dat eigenlijk niet per se zo is.
Het allermeeste hou ik van koken als ik iets lekkers kan klaarmaken binnen twee seconden. Niet letterlijk natuurlijk, maar een gerechtje dat binnen 10-15 minuten klaar is? *Love it!* En volgens mij ben ik niet de enige.
In het komende hoofdstuk dus alleen maar gerechten die in *no time* klaar zijn.
Oké, op een paar uitzonderingen na dan.

BINNEN 2 SEC. KLAAR

PASTA PESTO

De eerste keer dat ik zelf pesto wilde maken, dacht ik dat het moeilijk zou zijn en lang zou duren. Maar niets is minder waar! Pesto is zo gruwelijk simpel zelf te maken, dat ik het heel regelmatig eet. Oké, als je alle ingrediënten aanschaft ben je eenmalig een klein vermogen kwijt, maar als je meteen een hele pot maakt, kun je er nog lange tijd plezier van hebben! Zelf heb ik altijd een potje zelfgemaakte pesto in de koelkast staan en kan ik dus eigenlijk iedere dag goddelijk eten door alleen wat pasta te koken en er pesto doorheen te roeren. Binnen twee seconden klaar en verrukkelijk lekker. Mjam!

TIP: HOE HOUD JE JE BASILICUM-PLANTJE LEVEND?

Koop je wel eens een basilicumplantje, dat áltijd snel daarna dood gaat? Herkenning! Dat had ik ook, totdat ik leerde hoe je een basilicumplantje in leven houdt. En guess what? Dat is helemaal niet moeilijk! De truc dat je je basilicumplantje nooit water van bovenaf moet geven; schenk het water dus niet op de aarde en/of de bladeren. Wat dan wel? Zet het plantje bijvoorbeeld op een schoteltje en schenk steeds wat water op het schoteltje, of zet het plantje in een pot en voorzie de pot dan steeds van water, waarbij je niet op het plantje zelf schenkt. Simpel, maar heel effectief! Zo doe ik soms maanden met één plantje (tja, totdat ik gewoon vergeet dat je planten water moet geven). Pasta pesto wordt zo opeens een stuk goedkoper.

PASTA PESTO MET KNOFLOOKTOMATEN

Voor 2 personen:
- 6 trostomaten aan de steel
- olijfolie
- 2 teentjes knoflook
- 15 gram verse basilicum
- 100 gram Parmezaanse kaas
- 65 gram pijnboompitten
- 250 gram verse pasta
- peper
- zout

Pasta pesto is supermakkelijk om te maken en het ziet er best indrukwekkend uit, zo op je bord. Ik at dit eens met een vriendin, die het als 'restaurantwaardig' bestempelde. Zo makkelijk en toch indruk maken; *that's the spirit!*

Verhit de oven tot 220 °C. Was de tomaten en leg ze in de ovenschaal. Giet er flink wat olijfolie overheen en smeer de tomaten er echt lekker mee in. Pers de knoflook uit en smeer ook hier je tomaten mee in. Zet het geheel 20 minuten in de oven. Ondertussen maak je de pesto door de basilicum, Parmezaanse kaas, pijnboompitten en olijfolie in een maatbeker of schaal te mixen met een staafmixer. Ik gebruik altijd een maatbeker omdat die lekker hoog is en je pesto daardoor niet door de keuken vliegt.

Kook nu de pasta in slechts 4 minuten gaar. Na het afgieten roer je de pesto door de pasta. De tomaten serveer je er bovenop. Strooi er nog wat peper en zout over en top af met een blaadje basilicum. Klaar!

IDIOT PROOF

00:20

PASTA PESTO MET TOAST

Voor 1 persoon:

- 2 sneetjes wit casinobrood
- olijfolie
- 1 tomaat
- 1 teentje knoflook
- peper
- zout
- 10 gram verse basilicum
- 50 gram Parmezaanse kaas
- 30 gram pijnboompitten
- 125 gram verse pasta

Verhit de oven tot 180 °C. Leg de sneetjes casinobrood op een bord of snijplank en giet er wat olijfolie overheen. Halveer de tomaat en smeer het sap ervan op het brood. Pers tot slot een teentje knoflook fijn en smeer dat ook op het brood en top af met wat zout en peper. Snijd de korstjes van het brood en snijd de boterhammen vervolgens diagonaal doormidden. Doe de sneetjes brood op het rooster in de oven en laat ze 15 minuten toasten. Ondertussen maak je de pasta pesto, zoals beschreven op pagina 28. Serveer de toast naast de pasta pesto en ga dan heerlijk eten!

Dit recept voor pasta pesto bevat nauwelijks groenten en is dus niet de meest voedzame maaltijd ooit, maar het is wel echt heel erg lekker. Ik at de toast voor het eerst op het eindexamenfeestje van mijn zus, jaaaaren geleden. Het heeft toen zo'n indruk op me gemaakt dat ik het nog steeds regelmatig eet; bijvoorbeeld met pasta pesto, wat echt een topcombi is!

Een supermakkelijke maaltijd is pasta pesto met garnalen. Het enige wat je hoeft te doen is de standaard pasta pesto klaarmaken (zie vorige recepten) en er vervolgens garnalen bij bakken. Eenvoudig, toch?

IDIOT PROOF 00:05 €€€

PASTA PESTO MET GARNALEN

Voor 1 persoon:
– 10 gram verse basilicum
– 50 gram Parmezaanse kaas
– 30 gram pijnboompitten
– olijfolie
– peper
– zout
– 125 gram verse pasta
– 125 gram jumbogarnalen (gepeld)

De pasta pesto maak je klaar zoals beschreven op pagina 28. Het enige verschil is dat je, zodra je de pasta gaat koken (4 minuutjes), de garnaaltjes (gepeld gekocht – dat wil je namelijk niet zelf doen) zo'n 3-4 minuutjes bakt in een pannetje met een klein laagje olijfolie. Als je de pesto door de pasta roert, neem je ook meteen de garnaaltjes mee. Eventueel serveren met wat toast ernaast en klaar!

IDIOT PROOF 00:05

PASTA PESTO MET SALADE CAPRESE

Voor 1 persoon:

- 125 gram verse pasta
- 10 gram verse basilicum
- 30 gram pijnboompitten
- olijfolie
- 50 gram Parmezaanse kaas
- 1 bol mozzarella
- 1 tomaat

Ik neem altijd gewoon maar een pluk basilicum dat zijn ongeveer 10 blaadjes

Kook de pasta in 4 minuten gaar. Maak ondertussen de pesto door de basilicum, pijnboompitten, wat olijfolie en de Parmezaanse kaas met een staafmixer te pureren. Heb je geen staafmixer? Snijd dan alles fijn en stamp het door elkaar met een vijzel of een vork. Snijd een bol mozzarella in plakjes, doe hetzelfde met de tomaat en leg de tomaat en mozzarella om en om neer op een bord of plank. Giet je pasta na 4 minuten af, roer de pesto er doorheen en serveer de mozzarella met tomaat er bovenop.
Klaar! Supersimpel en vet lekker.

Pasta pesto is echt een van mijn lievelingsgerechten; het is héél lekker en je kunt er erg veel mee variëren. Deze keer een variant met een salade Caprese *on top*. Wat eigenlijk gewoon betekent dat je er tomaat en mozzarella op legt ;-).

00:30 €€€

PASTA MET MUNTPESTO EN HONINGKIP

Voor 1 persoon:

- 2 eetlepels honing
- 1 eetlepel citroensap
- 1 eetlepel gedroogde tijm
- 120 gram kipfilet
- olijfolie
- 50 gram Parmezaanse kaas
- 30 gram pijnboompitten
- 10 gram verse munt
- 125 gram verse pasta

Dit ingrediëntenlijstje is voor mijn doen behoorlijk lang. Daardoor lijkt de maaltijd vrij duur, maar omdat je zoveel overhoudt van alle ingrediënten, die je een volgende keer zo weer kunt gebruiken, valt het eigenlijk wel mee.

Verhit de oven tot 200 °C. Meng de honing, het citroensap en de tijm en smeer de kip met het mengsel in. Laat dit een halfuurtje intrekken in de koelkast (ik weet eigenlijk helemaal niet zeker of dat zin heeft, dus als je er te lui voor bent; laat het dan lekker achterwege). Doe de kip in een ingevette ovenschaal en laat 'm in 25 minuten gaar worden in de oven. Maak ondertussen de pesto, door olijfolie, kaas, pijnboompitten en verse munt te pureren met een staafmixer en kook de pasta in 4 minuten gaar. Roer de pesto door de pasta, serveer de kip er bovenop en schenk het sap uit de ovenschaal over het geheel. Eet smakelijk!

IDIOT PROOF 00:10 €€€

ROMIGE PASTA PESTO MET AUBERGINE

Voor 1 persoon:
- 1/3 aubergine
- olijfolie
- 125 gram verse pasta
- 10 gram verse basilicum
- 50 gram Parmezaanse kaas
- 30 gram pijnboompitten
- 5 eetlepels kookroom

Nóg lekkerder dan pasta pesto is pasta met pesto*room*saus. En het enige wat je hoeft te doen is wat kookroom toevoegen. Supersimpel en heel lekker! Een nadeel: het is ietsje ongezonder én je hebt meer afwas.

Snijd de aubergine in dunne plakjes. Bak deze 4 minuten in een beetje olijfolie in de koekenpan. Kook ondertussen de pasta in 4 minuten gaar. De pesto maak je wederom door basilicum, kaas, olijfolie en pijnboompitten te pureren. Voeg als de aubergine een beetje gegrild is de pesto toe aan de pan en schenk er wat kookroom bij. Laat dit smelten en een beetje indikken tot een mooie pestoroomsaus, die je serveert over de pasta. Mjam!

SOEP

Nóg zo'n makkelijk gerecht: (groente)soep! Hier kwam ik pas halverwege mijn studententijd achter, en man, wat was het handig geweest als ik dit eerder al had geweten. Soep is niet alleen binnen tien minuten klaar; het is ook nog eens gezond en goedkoop. In het komende hoofdstuk een aantal lekkere soepreceptjes, die allemaal in *no time* op tafel staan. *Like!*

IDIOT PROOF 00:16 €

PAPRIKASOEP

Voor 1 persoon:
- 1 ui
- 1 teentje knoflook
- 1 rode paprika
- ½ gele paprika
- olijfolie
- 1 groentebouillonblokje
- 1 eetlepel crème fraîche

Op de foto zie je een verrukkelijke paprikasoep met daarbij een culinair-experimenteel-Parmezaanpannenkoek-*meets*-soepstengel-ding. Het experiment mislukte, maar de soep is heerlijk en daarom alleen daarvan het recept.

Snijd de ui, knoflook en paprika's in stukjes en bak ze 10 minuten in een kook- of braadpannetje in een beetje olijfolie. Schenk vervolgens kokend water in het pannetje totdat de groenten net onder water staan. Voeg het bouillonblokje toe en laat het geheel een minuut of 5 pruttelen. Pureer de soep met een staafmixer en schep er bij het opdienen een lepel crème fraîche op. Eet smakelijk!

00:25 €€

CHAMPIGNONSOEP MET GEHAKTBALLETJES

Voor 2 personen:

- 250 gram champignons
- 1 grote ui
- olijfolie
- 150 gram rundergehakt
- gehaktkruiden met paneermeel (verkrijgbaar bij de meeste supermarkten)
- 1 groentebouillonblokje
- 1 scheut kookroom

Op een dag had ik zin in champignons en vlees, maar geen zin in een AGV'tje. Dus besloot ik champignonsoep met ballen te maken. Een uitprobeersel, maar wel eentje die gigantisch goed slaagde!

Snijd de champignons en de ui grof en bak ze samen in een beetje olijfolie, zo'n 10 minuten op halfhoog vuur. Kneed ondertussen de gehaktkruiden door het gehakt en draai er kleine soepballetjes van, met een doorsnede van zo'n 2-3 centimeter. Kook de gehaktballetjes in 10 minuten gaar in een klein steelpannetje dat je voor $\frac{3}{4}$ vult met water en een groentebouillonblokje. Na 10 minuten haal je de gehaktballetjes uit de pan. Voeg $\frac{2}{3}$ van het champignon-ui-mengsel toe aan de bouillon, samen met een flinke scheut kookroom. Laat de soep 10 minuutjes pruttelen. Je gehaktballetjes heb je net als $\frac{1}{3}$ van je champignon-ui-mengsel nu dus nog apart liggen. Pureer na 10 minuten de soep met een staafmixer en voeg de rest van het mengsel en de gehaktballetjes toe. Laat nog eventjes pruttelen en klaar!

Het lekkere aan deze soep is dat de gehaktkruiden in de bouillon trekken, doordat je het water waarin je de gehaktballen hebt gekookt als basis voor je soep gebruikt.
Een echte aanrader voor winterse dagen!

BIO

IDIOT PROOF 00:20 €

COURGETTESOEP

Voor 1 persoon:
- 1 ui
- 1 teentje knoflook
- 1 courgette
- olijfolie
- 1 groentebouillonblokje
- basilicum

Mijn vroegere huisgenootje maakte regelmatig courgettesoep en dat rook altijd heerlijk. Dus vond ik het op een gegeven moment tijd om het eens zelf te proberen; de eerste groentesoep die ik ooit maakte. Het resultaat: makkelijk, snel klaar en lekker!

Snijd de ui, knoflook en courgette in stukjes en bak het mengsel 10 minuten in een beetje olijfolie in een kook- of braadpannetje. Schenk vervolgens kokend water in het pannetje totdat de courgette net onder water staat. Voeg het bouillonblokje toe en laat het een minuut of 10 pruttelen. Pureer de soep met een staafmixer en klaar ben je! Doe er bij het opdienen een blaadje basilicum in; staat gewoon leuk!

00:25 €€

TOMATENAVOCADOSOEP

met rozemarijnbrood

(Duurt iets langer dan 2 seconden, maar het is het waard!)

Voor 2 personen:
- 4 goede, lekkere tomaten (bijvoorbeeld Roma)
- 2 teentjes knoflook
- olijfolie
- 1 rode ui
- 8 zongedroogde tomaatjes
- 1 groentebouillonblokje
- ¼ pak Koopmans Pizzabodem Italiaans
- 1 theelepel gedroogde rozemarijn
- ½ avocado

Verhit de oven tot 180 °C. Snijd de tomaten doormidden en doe ze in een ovenschaal. Pers er een teentje knoflook over uit en schenk er wat olijfolie over. Zet de tomaten 20 minuten in de oven. Kook ondertussen 500 milliliter water. Snijd de ui grof en bak met wat olijfolie in een steelpannetje. Voeg er de zongedroogde tomaatjes, het groentebouillonblokje en het kokende water aan toe. Haal de tomaten uit de oven en verhit de oven tot 220 °C. Pel het vel van de tomaten (dit is een rotklus, maar als je het niet doet, krijg je heel vervelende stukjes in je soep). Doe de oventomaten bij de soep in de pan en laat het geheel 10 minuten pruttelen. Kneed ondertussen het pizzadeeg met de rozemarijn tot twee kleine broodjes, die je 20 minuten op 220 °C in de oven laat bakken. Voeg de halve avocado toe aan de soep en pureer het geheel met een staafmixer. Laat de pan soep op laag vuur nog even doorpruttelen, totdat de broodjes klaar zijn. Eet smakelijk!

De avocado zorgt er op een heel gezonde manier voor dat je soep vol en romig wordt.

Ken je dat? Dat je boodschappen gaat doen en er één ingrediënt essentieel is voor je avondmaal, maar je niet meer weet of je nou nog drie pakken thuis hebt staan of niet? En je het voor de zekerheid dus toch maar koopt? Om vervolgens thuis te ontdekken dat je inderdaad nog drie pakken pizzabodem in huis had en je er nu een vierde bij hebt? Nou, zo zijn deze rozemarijnbroodjes ontstaan. Die overigens echt heel lekker zijn bij de tomatenavocadosoep.

Pompoensoep is wat mij betreft de lekkerste soep die er is, maar wat een gruwelijke rotklus is het om een pompoen in stukjes te krijgen. Niet. Aan. Beginnen. Ik maak deze soep zelf altijd met pompoenstukjes uit de vriezer óf als het pompoenseizoen is (dat merk je vanzelf; dan ligt er pompoen in alle supermarkten) en er op de versafdeling pompoenstukjes worden verkocht.

IDIOT PROOF 00:25 € €

POMPOENSOEP MET KOKOSMELK

Voor 2 personen:
- 1 ui
- 1 winterpeen
- 400 gram pompoenstukjes
- olijfolie
- 1 kippenbouillonblokje
- 100 milliliter kokosmelk

Snijd de ui en de winterpeen grof. Bak de ui, winterpeen en pompoenstukjes in een kookpan zo'n 10 minuutjes in een beetje olijfolie. (Eigenlijk is het lekkerder is om de pompoen 20 minuten in de oven te doen met wat olijfolie, maar daar ben ik te ongeduldig voor.) Voeg vervolgens kokend water en het bouillonblokje toe aan de pan met groenten, tot alles net onder water staat. Laat alles 15 minuten pruttelen. Pureer de soep en voeg de kokosmelk toe. Je zult ontdekken dat dat een vet goede toevoeging is aan de normaal al zo heerlijke pompoensoep.

TIP: POMPOEN SCHOONMAKEN

Doe de pompoen met schil en al 20 minuten in de oven, dan kun je 'm makkelijker pellen en snijden. Mocht je in de supermarkt toch voor een hele pompoen gaan.

IDIOT PROOF

00:12

€ €

BROCCOLISOEP MET CHORIZO

Voor 1 persoon:
- 1 rode ui
- 1 teentje knoflook
- een beetje roomboter
- 1 kleine broccoli
- 1 groentebouillonblokje
- 5 centimeter chorizo

Snijd de rode ui en knoflook fijn en bak ze in een steelpannetje met de roomboter glazig. Voeg de roosjes (toppen) van de broccoli, het bouillonblokje en kokend water toe, totdat de groenten net onder staan. Laat het geheel tien minuutjes zachtjes koken. Ondertussen snijd je 5 centimeter chorizo in kleine stukjes, die je zonder olie of boter bakt in een koekenpannetje. Pureer de soep met een staafmixer en serveer de knapperige chorizo eroverheen. Het is helemaal niet erg als er wat olie uit de pan in de soep belandt. *Enjoy!*

Broccolisoep is een van de makkelijkste soepen om te maken en heel goed te combineren met ingrediënten met een uitgesproken smaak. Gorgonzola smaakt er bijvoorbeeld heerlijk bij, maar broccolisoep met chorizo is ook een topcombi!

IDIOT PROOF 00:25 € €

WORTELSOEP

met bosui, crème fraîche en toast

Voor 1 persoon:
- 1 rode ui
- 1 teentje knoflook
- 1 winterpeen
- 1 eetlepel roomboter
- 1 groentebouillonblokje
- 1 bosui
- 1 eetlepel crème fraîche
- 2 sneetjes witbrood
- kaas

Snijd de ui, knoflook en winterpeen in stukjes en bak alles een paar minuten in roomboter. Voeg kokend water toe tot de groenten net onder water staan. Doe er het bouillonblokje bij en laat het geheel 15 minuten zachtjes koken. Kijk af en toe of de stukken winterpeen al zacht zijn door er met een vork in te prikken. Pureer de soep met een staafmixer. Snijd de bosui in kleine ringetjes en serveer deze samen met een eetlepel crème fraîche in je soep bij het opdienen. Je kunt er toast bij maken van brood met kaas, dat je 15 minuutjes in de oven knapperig laat worden. Eet ze!

IDIOT PROOF

00:12

€

SPINAZIE-AVOCADOSOEP

met munt

Een hartstikke makkelijke soep die echt heel lekker is én die je van je restanten spinazie afhelpt. Vind ik leuk!

Voor 1 persoon:
- 1 rode ui
- 1 teentje knoflook
- olijfolie
- 150 gram gewassen verse spinazie
- 2 groentebouillonblokjes
- 10 verse muntblaadjes
- 1 avocado

Spinazie is zo'n groente die je vers in de supermarkt niet in eenpersoonsporties kunt krijgen. Wanneer ik spinazie koop, zit ik altijd nog dagen met een gigantische voorraad in mijn koelkast. Een perfect recept om van een flink deel van je spinazie af te komen, is spinaziesoep. Overigens ook nog eens hartstikke gezond, hoewel ik daar zelf weinig om geef.

Snijd de rode ui en knoflook fijn en bak in een scheut olijfolie tot de ui glazig is. Voeg hier beetje bij beetje de spinazie aan toe. Als alle spinazie geslonken is, voeg je de bouillonblokjes en 2 glazen water toe. Doe de blaadjes verse munt erbij en laat de soep 10 minuten pruttelen, maar niet koken! Snijd de avocado in stukken en voeg toe aan de soep. Pureer het geheel met een staafmixer en ... klaar!

STAMPPOT

Dat ik vandaag de dag zou zeggen dat ik van stamppotten hou, zou mijn moeder vroeger nooit geloofd hebben. Toen ik nog thuis woonde, wilde ik nooit stamppot eten; ik vond het maar een saaie prak. Nu ik al lang op mezelf woon, eet ik opeens regelmatig stamppot. Want stiekem is het een heel makkelijke maaltijd en wat zijn er veel variaties mogelijk! Ken jij ook alleen andijvie- of boerenkoolstamppot vanuit huis? In het komende hoofdstuk een aantal andere, heerlijke stamppotjes. Uiteraard allemaal in weinig tijd klaargemaakt. *Enjoy!*

IDIOT PROOF 00:10 € €

PREISTAMPPOTJE MET CHORIZO EN KAAS

Ik garandeer je dat deze super-simpele stamppot echt onwijs lekker is. Vette aanrader!

Voor 1 persoon:
- 150 gram gesneden prei
- olijfolie
- 5 centimeter chorizo
- 1 zakje aardappelpuree (alleen water toevoegen)
- 1 eetlepel oude kaas

Ik weet dat dit het allerergste ooit is voor een kok, maar ik maak mijn stamppot altijd klaar met aardappelpuree uit een zakje. Weet je hoe makkelijk én lekker dat is? Ook in dit recept voor preistamppot met chorizo en kaas maak ik gebruik van aardappelpuree uit een zakje. *Guilty pleasure!*

Was de prei goed en wok de preiringen 4 minuten in olijfolie. Snijd de chorizo in plakjes. Haal de prei uit de pan en bak de chorizo in dezelfde pan. Maak de aardappelpuree door de inhoud van het zakje aanmaakpuree te mengen met kokend water. Makkelijker kan niet. Roer de prei en een schep geraspte oude kaas door de puree en serveer de knapperige stukjes chorizo *on top*. Eet smakelijk!

IDIOT PROOF 00:10 €€

PREISTAMPPOTJE MET RODE PAPRIKA EN SHOARMAVLEES

Voor 1 persoon:
- ½ prei
- ¾ rode paprika
- olijfolie
- 200 gram shoarmavlees
- 1 zakje aardappelpuree (alleen water toevoegen)

Ben je niet zo lui als ik? Maak dan zelf stamppot van 2-3 kruimige aardappelen, peper & zout en een beetje warme melk.

Op dit recept heb ik behoorlijk wat verbaasde reacties ontvangen; stamppot met shoarma, hoe bedenk je het?! Terwijl het hartstikke lekker is! En héél makkelijk. Ik wilde gewoon eens iets anders met mijn shoarmavlees doen en had toevallig zin in stamppot. Eén en één is twee. Dus: stamppot met shoarma *it is!*

Snijd de prei en de rode paprika fijn. Vergeet je prei niet te wassen; op zand kauwen vindt niemand leuk. Bak de groenten 6-8 minuten in een beetje olijfolie. Ondertussen wok je het shoarmavlees op hoog vuur tot de shoarma gaar is. Maak de aardappelpuree volgens de gebruiksaanwijzing klaar. Roer de prei en paprika door de puree en serveer de shoarma erbij. Ik beloof je: dit is heel lekker.

Dit recept komt regelrecht uit de hemel. Of nou, stiekem heb ik het op een paar aanpassingen na uit de Allerhande (ja, daar haal ik mijn inspiratie ook wel eens vandaan!), maar het verdient een plekje in de eregalerij voor lekkerste recepten ooit. Benieuwd? Maak het snel klaar, over tien minuutjes kun je het al proeven!

IDIOT PROOF 00:10 € €

PREISTAMPPOTJE MET SOJACHAMPIGNONS EN CASHEWNOTEN

Voor 1 persoon:
- ½ prei
- wokolie
- 15 kleine champignons
- 3 eetlepels sojasaus (Kikkoman bijvoorbeeld)
- 1 klein handje cashewnoten
- 1 zakje aardappelpuree (alleen water toevoegen)

Was de prei goed, snijd hem in ringen en wok de ringen 5 minuten in een beetje wokolie. Halveer de champignons, leg ze in een schaaltje en schenk de sojasaus erbij, zodat het even kan intrekken. Wok de champignons in de pan waar de prei net uit komt. Het vuur mag best hoog staan! Hak ondertussen de cashewnoten in grove stukken en bereid de aardappelpuree zoals aangegeven op de verpakking. Roer de gewokte prei door de puree en serveer de sojachampignons en gehakte cashewnoten er bovenop. Eet heel, heel, heel smakelijk!

IDIOT PROOF 00:10 €

PREISTAMPPOTJE MET KIBBELING EN RAVIGOTTESAUS

Voor 1 persoon:
- ½ prei
- 1 zakje aardappelpuree (alleen water toevoegen)
- ravigottesaus
- zo veel kibbeling als je zelf lekker vindt

Warm de kibbeling op zoals aangegeven op de verpakking (in het geval van supermarktkibbeling) of zoals de visboer je adviseert.
De preistamppot maak je door de inhoud van het zakje aardappelpuree te mengen met water en hier gewokte prei doorheen te roeren.
Serveer het gerecht met ravigottesaus en klaar ben je.
Een onwijs lekkere maaltijd en oh, zo makkelijk.

Misschien had je verwacht dat ik de kibbeling en ravigottesaus wel zelf zou maken, maar nee. Ik zou niet weten hoe! *Halleluja*h voor kibbeling van de visboer of gewoon van de supermarkt. In combinatie met dit preistamppotje erg lekker.

HOLLANDSE POT!

Ik ben dol op stamppotten, omdat je er alle kanten mee op kunt. Kies eens niet voor een standaardstamppot andijvie of boerenkool, maar varieer eens met bijvoorbeeld snijbonen. Samen met aardappelpuree en witte peper maak je daar een verrukkelijke stamppot van.

00:20 €€

SNIJBONENSTAMPPOT MET ZELFGEMAAKTE GEHAKTBALLEN

en appelmoes

Voor 1 persoon:
- 180 gram rundergehakt
- 1 ei
- ½ zakje gehaktkruiden met paneermeel
- braadboter of olijfolie
- ketchup
- 125 gram gesneden snijbonen
- 1 zakje aardappelpuree (alleen water toevoegen)
- witte peper
- appelmoes

Meng het gehakt in een kom met het ei en de kruiden en kneed er drie balletjes van. Bak ze in een beetje boter of olie in een braadpan, waarbij je alle kanten kort dichtschroeit. Daarna voeg je water en wat ketchup toe, tot de ballen tot ongeveer 2 centimeter in het water staan. Doe de deksel op de pan en laat de ballen in het vocht gaar koken. Hoe lang? Geen idee, *check* gewoon af en toe even of de bal nog roze is van binnen ;-). Ondertussen kook je de snijbonen (10 minuutjes) en meng je de aardappelpuree uit een zakje met 250 milliliter water. Roer de snijbonen door de puree en voeg er wat witte peper aan toe. Haal de deksel van de braadpan, zodat het water kan verdampen en de gehaktballen nog een beetje knapperig kunnen worden. Serveer het gerecht met wat appelmoes :).

'IK HAAL ALLE PRODUCTEN VOOR MIJN AVONDMAAL ALTIJD BIJ ÉÉN SUPERMARKT. NIET ALTIJD IN DEZELFDE WINKEL, MAAR WEL VRIJWEL ALTIJD OP ÉÉN PLEK. WIE HEEFT ER NOU ZIN OM VOOR ÉÉN GERECHT NAAR DRIE VERSCHILLENDE WINKELS TE GAAN? NOT ME!'

IDIOT PROOF 00:20 € €

SPINAZIESTAMPPOT MET VISSTICKS

Voor 1 persoon:
- 4 middelgrote kruimige aardappelen
- 2 flinke handen verse spinazie
- vissticks
- 1 theelepel (room)boter
- witte peper

Dit is een van de weinige stamppotten die ik met echte aardappelen klaarmaak in plaats van met aardappelpuree uit een zakje. Spinazie is al zo'n weeïge groente, waardoor het net een beetje teveel op babyvoeding gaat lijken als je ook nog zulke zachte puree gebruikt. Daarom: gebruik kruimige aardappelen.

Schil de aardappelen, halveer ze en kook ze in 10-15 minuutjes gaar. Laat de spinazie een paar minuutjes slinken in heet water (maar laat het niet pruttelen). Ondertussen maak je de vissticks klaar zoals aangegeven op de verpakking (ik zou dus echt gaan voor ovenvissticks van Iglo). Stamp de aardappelen zodra ze gaar zijn. Voeg hier vervolgens de spinazie, een theelepel boter en wat witte peper aan toe. Serveer de stamppot met de vissticks.

TIP:
als je geen stamppotstamper hebt, hak de aardappelen dan fijn met een groot mes en prak ze daarna met een vork, óf gebruik de 'staaf' (dus niet de mixer!) van je staafmixer als stamper.

IDIOT PROOF 00:20 €€

RODE BIETENSTAMPPOT

met Griekse yoghurt en een visburger

Voor 1 persoon:
- 1 kabeljauwburger
- kleine pot gesneden rode bieten
- 1 zakje aardappelpuree (alleen water toevoegen)
- 1 theelepel sesamzaadjes
- 1 eetlepel Griekse yoghurt

Bak de kabeljauwburger 15 minuten op 180 °C in de oven. Laat de rode bietjes warm worden in een pannetje. Maak ondertussen de aardappelpuree met kokend water en de inhoud van het zakje. Giet de rode bietjes af en stamp of roer ze door de aardappelpuree. Rooster ondertussen de sesamzaadjes twee minuten in een droge pan. Doe de knalroze stamppot op je bord, flats er een lepel Griekse yoghurt op, bestrooi met de sesamzaadjes en serveer de visburger ernaast. Eet bij ieder hapje een stukje van alles, want de smaken zijn echt gigagoed bij elkaar. Mjam!

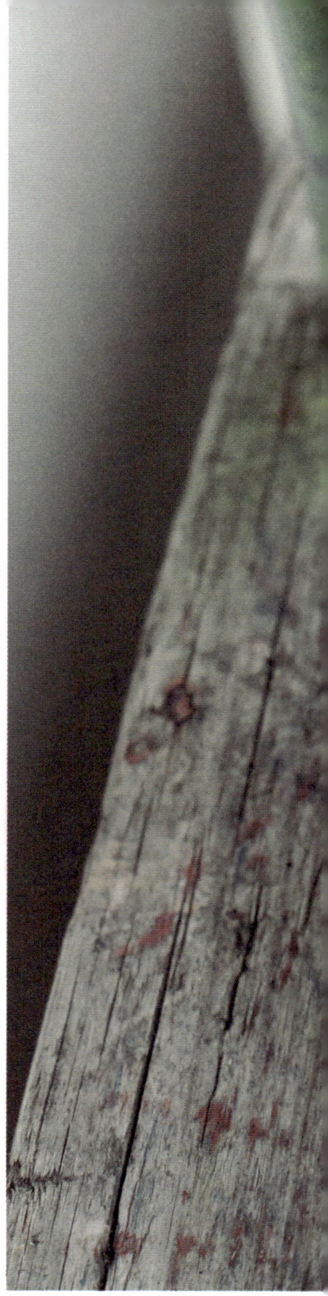

Ik ben dól op lekker eten, maar ik word ook erg gelukkig als m'n bord er feestelijk uitziet. Om die reden vind ik deze knalroze stamppot zo cool. En het is nog lekker ook!

Overigens komt het originele recept uit de receptenapp van Albert Heijn en is mijn versie een makkelijkere variant van dat recept.

Oh, als ik het je kon verplichten zou ik het doen; deze stamppot MOET je eens proberen!
Het ziet er niet alleen leuk uit, het smaakt ook echt supergeweldig.
En het is zo makkelijk! Beloof je me dat je dit eens probeert?

IDIOT PROOF 00:10 €€

RUCOLASTAMPPOT MET CHAMPIGNONS CASHEWNOTEN EN PESTO

Voor 1 persoon:
- 200 gram champignons
- boter of bak & braad
- 1 zakje aardappelpuree (alleen water toevoegen)
- 2 handjes rucola
- 1 klein handje ongezouten cashewnoten
- 2 theelepels (zelfgemaakte) pesto

Blader terug naar bladzijde 23

Snijd de champignons in vieren en bak deze in roomboter of 'Bak & Braad' lekker bruin in zo'n 5 minuutjes. Maak de puree zoals aangegeven op de verpakking en roer de rucola erdoorheen. Hak de cashewnoten fijn. Schep de stamppot op je bord, doe de champignons er op, dan de cashewnoten en top af met een paar flatsen (zelfgemaakte) pesto. Zelfgemaakte pesto heb ik vaak in de koelkast staan, omdat het makkelijk is om in één keer een grote hoeveelheid te maken én je het heel goed kunt bewaren (zie pagina 28).

In totaal ben je maximaal 10 minuten aan het koken. Daar hou ik van. En man, wat is dit lekker. Echt, probeer dit!

Vouw dit hoekje om, je moet dit recept onthouden en eens uitproberen!

IDIOT PROOF 00:10 €€

MET DIT RECEPT KWAM IK OP TV BIJ BNN DE SOCIAL CLUB!
WAAR IK ÜBERCHARMANT MIDDEN IN BEELD MIJN BROEK OPTROK #NEWBIE

STAMPPOT BROCCOLI MET LIMOEN EN PANGASIUSFILET

met tuinkruiden

Voor 1 persoon:
- 1 kleine broccoli
- 1 pangasiusfilet met tuinkruiden (verkrijgbaar bij AH)
- olijfolie
- zakje aardappelpuree (alleen zelf water toevoegen)
- 1 limoen

Kook de broccoliroosjes in 6-8 minuten gaar. Gek genoeg hou ik van papperige groente, dus ik ga zeker voor 8 minuten, maar bij 6 minuten zijn ze mooi beetgaar. De pangasiusfilet bak je aan beide kanten in 4 minuten gaar en knapperig in een beetje olijfolie. Maak ondertussen de stamppot door de aanmaakpuree te mengen met kokend water. Stamp de broccoliroosjes hier doorheen en drapeer de gebakken pangasiusfilet half over de stamppot. Knijp over het geheel een halve limoen uit en serveer met een limoenpartje *on the side*, want dat staat leuk. Eet smakelijk :D!

Op mijn blog probeer ik mezelf zo nu en dan uit te dagen door te koken met maximaal vier ingrediënten. Daaruit is ook dit recept ontstaan van puree met broccoli, vis en limoen.
Een combinatie die ik nooit eerder had uitgeprobeerd, maar oei, wat lekker!

COUSCOUS

Helaas ben ik een beetje van het type 'wat de boer niet kent, eet hij niet'. Ik kom dan ook uit Drenthe, dus je kunt 't me niet kwalijk nemen ;-). Couscous viel bij mij dus ooit in de categorie 'ken ik niet, eet ik niet'. Net als bijvoorbeeld bulgur, quinoa en al dat andere hippe voedsel. Maar ik ben blij dat ik eens aan couscous begonnen ben, want wat een topingrediënt is dat! Couscous is niet alleen lekker, het is ook nog eens makkelijker en sneller klaar te maken dan rijst of pasta. Supersimpel dus. En je kunt er allerlei lekkers mee klaarmaken, dus lees gauw verder!

00:05 € €

COUSCOUS MET AVOCADO, TOMAAT, KOMKOMMER, FETA, ZONGEDROOGDE TOMAATJES EN POMPOENPITTEN

Voor 1 persoon:

- 75 gram couscous
- ½ eetrijpe avocado
- 10 romaatjes
- 6 zongedroogde tomaatjes
- 10 centimeter komkommer
- 2 eetlepels feta
- 1 eetlepel pompoenpitten

Laat de couscous wellen in dezelfde hoeveelheid kokend water als couscous. Prak de avocado en meng door de gewelde couscous. Snijd de romaatjes, zongedroogde tomaatjes en komkommer in stukjes en meng door de couscous. Top af met feta en pompoenpitten. Eet smakelijk!

Dit is mijn standaardrecept voor couscous. Er is namelijk een aantal ingrediënten dat héél goed combineert met couscous: komkommer, avocado, feta en zongedroogde tomaatjes. En daarom heb ik ze allemaal in dit recept gestopt. Voeg er voor meer body nog gewone tomaatjes aan toe en voor de bite nog wat pompoenpitten en je hebt een heel lekkere maaltijd. Perfect ook om mee te nemen naar het park, het strand of als lunch als je een lange treinreis moet maken.

IK HOU HET ALLERMEEST VAN RECEPTEN MET MAAR HEEL WEINIG INGREDIËNTEN, DIE OVERHEERLIJK SMAKEN. DIT RECEPT BEVAT MAAR VIER (!) INGREDIËNTEN EN IS TOCH ÉCHT HEEL LEKKER. EN WAT NÓG TOFFER IS: HET IS BINNEN VIJF MINUTEN KLAAR! I LIKE!

IDIOT PROOF 00:05 €

COUSCOUS MET SPINAZIE, TOMAAT EN FETA

Voor 1 persoon:
- 75 gram couscous
- 100 gram spinazie
- olijfolie
- 8 cherrytomaatjes
- 2 eetlepels feta
- peper
- zout

Laat de couscous wellen in kokend water zoals aangegeven op de verpakking. Wok de spinazie even in olijfolie, totdat het enigszins geslonken is. Snijd de cherrytomaatjes in halfjes. Haal de wok van het vuur en meng de spinazie met de couscous en cherrytomaatjes. Doe alles op je bord of in een kommetje en top af met feta, zoveel als je zelf wilt. Strooi er nog wat peper en zout over en klaar!

00:10 € €

KNALROZE COUSCOUS MET WIENERSCHNITZEL

en Hüttenkäse

Als mijn eten er echt cool uit ziet, vind ik het al gauw lekker. Een hele tijd geleden maakte ik deze couscous, die door de bietjes knalroze kleurt. En hij was heerlijk van smaak! Nu maakte ik dit recept laatst opnieuw voor m'n kookboek en vond ik 'm eigenlijk helemaal niet zo lekker meer. Maar: misschien vind jij het wel heerlijk! Dus daarom zet ik het recept er tóch gewoon tussen. Bovendien is het knalroze couscous, dus dat is sowieso *awesome*. Of het nou smaakt, of niet. ;-)

Voor 1 persoon:
- 1 Wienerschnitzel
- 75 gram couscous
- 180 gram rode bietjes uit pot
- ½ rode paprika
- olijfolie
- 5 centimeter komkommer
- ½ limoen
- 1 eetlepel Hüttenkäse

Bak de Wienerschnitzel volgens de aanwijzing op de verpakking gaar. Laat de couscous wellen in 75 milliliter kokend water. Verwarm de bietjes in een pannetje in het vocht uit de pot. Snijd de rode paprika in stukjes en bak deze even in een pannetje met wat olijfolie tot ze mooi gegrild zijn. Snijd de komkommer in stukjes. Meng de rode bietjes door de couscous. Het is goed als je bietjes een beetje stuk gaan, anders heb je straks van die enorme lappen in je mond. Meng ook de paprika door de couscous en als laatste de komkommer (zodat die z'n eigen kleur zoveel mogelijk behoudt). Knijp wat limoensap uit over de couscous en meng het door elkaar. Serveer in een kom of op een bord met een kwak Hüttenkäse erbij, de limoenschijfjes ernaast en de Wienerschnitzel *on top*. Eet smakelijk! (Hopelijk ...)

00:20 €€

COUSCOUS MET WATERMELOEN, FETA, MUNT EN PROVENÇAALSE KIPKLUIFJES

Voor 1 persoon:
- 4 kipkluifjes
- 1 eetlepel kipkruiden
- 1 eetlepel Provençaalse kruiden
- olijfolie
- 75 gram couscous
- ongeveer 200 gram watermeloen
- 2 eetlepels feta
- 10 blaadjes verse munt

Verhit de oven tot 180 °C. Smeer de kip in met olijfolie, kipkruiden en Provençaalse kruiden en zet 20 minuten in een ingevette ovenschaal in de oven. Maak de couscous in de laatste vijf minuten klaar door de couscous te laten wellen in eenzelfde hoeveelheid kokend water (ongeveer 75 milliliter). Meng de couscous met de meloen en feta en versnipper er verse muntblaadjes overheen. Serveer het kippetje erbij en klaar! Een superfrisse, zomerse maaltijd.

Soms bedenk je rare dingen, zoals bijvoorbeeld dit gerecht: couscous met munt, meloen en feta. Het is echt een topcombi, maar niet echt voor de hand liggend, toch? En dan ook nog met een Provençaals kippetje erbij! In eerste instantie wilde ik die er zelf niet bij eten, maar omdat de couscous alleen – voor mij in ieder geval – een beetje te weinig is als avondmaal, is die kip toch wel wenselijk.

De combinatie van couscous met avocado is geweldig. Als je een mooie, eetrijpe avocado hebt, is die heerlijk te mengen met couscous. Ook rozijnen doen het altijd goed in een couscousmaaltijd. En als je dan nog wat Provençaalse kip en oventomaten toevoegt, heb je een maaltijd om je vingers bij af te likken.

00:35 €€

COUSCOUS MET PROVENÇAALSE KIP

met oventomaten, rozijnen en avocado

Voor 1 persoon:

- 3 tomaten (bijvoorbeeld Roma)
- 1 teentje knoflook
- boter, om ovenschaal mee in te vetten
- 100 gram kipfilet
- olijfolie
- 1 eetlepel kipkruiden
- 1 eetlepel Provençaalse kruiden
- 75 gram couscous
- 1 eetrijpe avocado
- 1 eetlepel rozijnen
- peper

Verhit de oven tot 200 °C. Snijd de tomaten in acht partjes en meng er een uitgeperst knoflookteentje door. Leg de tomatenpartjes in een ingevette ovenschaal. Snijd de kipfilet in plakken en smeer in met olijfolie, kipkruiden en Provençaalse kruiden. Leg de kip op de tomaten en doe het geheel 30 minuten in de oven. Na 15 minuten keer je de kip om. Laat ondertussen de couscous wellen in 75 milliliter kokend water en meng er daarna de geprakte avocado en wat rozijnen doorheen. Bij het opdienen serveer je de kip en tomaten op de couscous. Tot slot een beetje peper erover *et voilà!*

00:05 €€

Op een dag had ik nog alfalfa in huis en wist ik niet wat ik er mee moest doen. Toen bedacht ik eigenlijk *out of the blue* deze maaltijd, die onwijs goed uitpakte. Vele bloglezers hebben dit gerecht gemaakt en vinden het allemaal een succes! Misschien kan ik toch beter koken dan ik zelf soms denk?

SALADE VAN COUSCOUS

met avocado, alfalfa, mango, komkommer, pistache en olijfolie

Voor 1 persoon:

- 10 centimeter komkommer
- 50 gram couscous
- 1 eetrijpe avocado
- ½ rijpe mango
- 1 handjevol alfalfa
- olijfolie extra vierge
- peper
- zout
- 3 eetlepels ongezouten pistachenoten

Snijd de komkommer in plakjes en leg ze de plakjes naast elkaar op je bord. Verdeel de couscous eroverheen, die je in 50 millilitерl kokend water hebt laten wellen. Leg er vervolgens de in stukjes gesneden avocado bovenop en daarna de stukjes mango. Dan een flinke pluk alfalfa erop, wat olijfolie erover en een beetje peper en zout. Top af met pistachenoten. Klaar! Hartstikke simpel, onwijs lekker. Mjam!

PS: IK HEB ME LATEN VERTELLEN DAT ALFALFA HEEL GEZOND IS. AVOCADO OOK, OLIJFOLIE OOK EN MANGO KAN OOK NIET AL TE SLECHT ZIJN. DAAROM IS DEZE MAALTIJD VOLGENS MIJ BEST GEZOND. #DITKANECHTDEGROOTSTEONZINOOITZIJN.

Kijk in de hoofdstukken 'Als je geld net binnen is' en 'De allerbeste recepten online!' voor meer overheerlijke couscousrecepten.

Wat eten betreft ben ik echt totaal ongevoelig voor trends.
Je hoeft bij mij echt niet aan te komen met #ahealtylifestyle en #superfood.
Dure gojibessen en chiazaad met smakeloze moerbeien? Geef mij maar een frikandel speciaal, dat is pas *superfood*.

SUPER FOOD

00:20

ZELFGEMAAKTE KAPSALON

Nee, niet die plek waar je je haren laat knippen! Een heerlijke vette maaltijd uit Rotterdam.

Voor 1 persoon:
- 1 handje frites
- 200 gram shoarmavlees
- olijfolie
- 1 plak kaas
- 1 tomaat
- knoflooksaus
- 2 theelepels sambal
- paar blaadjes ijsbergsla

Maak de frites klaar zoals aangegeven op de verpakking. Ik gebruik zelf vaak de ovenfrites van AH Huismerk, omdat ik geen frituurpan heb en omdat deze goed te eten zijn. Bak ondertussen de shoarma mooi bruin in een beetje olijfolie in een koekenpan of wok. Vet een ovenschaal in en leg er een laag (gare) frites in. Verdeel daar het shoarmavlees over en leg er een plak kaas op. Dit gaat ongeveer 10 minuutjes op 180 °C in de oven. Houd in de gaten dat de kaas smelt, maar niet knapperig wordt. Snijd ondertussen een tomaat in stukjes. Haal de Kapsalon uit de oven, drapeer er wat knoflooksaus en sambal over en doe de sla en tomaatjes *on top*. *There you go,* een zelfgemaakte Kapsalon die zeker niet onder doet voor de ranzige, plakkerige Kapsalon die je normaal om 4 uur 's nachts bij de snackbar om de hoek haalt.

00:15 € €

HARTAANVALHAMBURGERS

met alle zooi die je lekker vindt

Voor 1 persoon:

- 150 gram rundergehakt
- 1 theelepel sambal
- een scheut ketjap
- ½ Cracotte of beschuit
- 1 ei
- ½ rode ui
- olijfolie
- een plak kaas
- 1 Italiaanse bol
- een paar blaadjes kropsla
- 3 schijfjes tomaat
- mayonaise
- curry
- 3 plakjes bacon

Je kunt natuurlijk ook gewoon hamburgers kopen! Laat dan de eerste vier ingrediënten weg.

Meng het gehakt met de sambal, ketjap, beschuit of Cracotte, een klein beetje ei en kneed dit tot een flinke burger. Snijd de rode ui in ringen en bak deze in een beetje olijfolie glazig in een koekenpan. Bak ondertussen ook je hamburger in dezelfde pan, zo'n 8-10 minuten, tot beide kanten mooi bruin zijn. In een andere pan bak je tegelijkertijd een eitje met daarop de plak kaas, zodat die mooi kan smelten. Begin ondertussen met het bouwen van je broodje hamburger door de Italiaanse bol open te snijden en er wat sla, schijfjes tomaat, mayo en curry tussen te doen. Als de burger gaar is, haal je 'm uit de pan en doe 'm op je broodje. Bak snel nog een paar plakjes bacon in dezelfde pan waar net je burger uit is gekomen, zonder extra boter of olie toe te voegen. Leg je ei met kaas op de burger en top uiteindelijk af met de rode ui en de bacon. Probeer je broodje dicht te doen, maar sta niet raar te kijken als dit niet meer lukt. Eet *very freaking* smakelijk.

Een hartaanvalhamburger is *basically* gewoon een burger waarop je alle ingrediënten doet die je lekker vindt en het liefst eentje die grandioos, gigantisch, klef en vooral superongezond is. Let op: je gaat deze burger 100% zeker niet charmant op kunnen eten. Probeer dat dus ook gewoon maar niet... ;-)

Vroeger, toen ik nog bij mijn ouders woonde, haalde mijn moeder wel eens saucijzenbroodjes bij de bakker in Assen. En man, wat waren die lekker. Maar wist je dat je ook supermakkelijk zelf saucijzenbroodjes kunt maken? Ik had geen idee hoe het moest, tot ik het eens uitprobeerde. En die kwamen behoorlijk in de buurt bij die van de bakker van vroeger.

IDIOT PROOF 00:25 €€

ZELFGEMAAKTE SAUCIJZENBROODJES

Voor 1 broodje:
- 50 gram half-om-halfgehakt
- 1 ei
- 1 theelepel nootmuskaat
- 1 theelepel sambal
- 1 plakje bladerdeeg (ontdooid)
- peper
- zout

Kneed het gehakt met een klein beetje ei, de nootmuskaat en de sambal tot een worstje. Leg het worstje op het bladerdeeg en vouw 'm dicht. Besmeer de buitenkant met een beetje ei en strooi er wat peper en zout over. Dit deed het bakkertje in Assen vroeger ook en dat maakte het echt extra lekker. Leg het saucijzenbroodje op de bakplaat en bak 'm 15 minuutjes op 180 °C in de oven. Leg het broodje daarna op het rooster en zet 'm nog 5 minuutjes in de oven om het bladerdeeg extra krokant te maken. Klaar!

00:10 €

KATERONTBIJT

toast met avocado, gebakken ei en gesmolten kaas

Voor 1 persoon:
- olijfolie
- 2 eieren
- 1 plak oude kaas
- ½ eetrijpe avocado
- 1 sneetje brood
- peper
- zout

Doe olijfolie in de pan en breek er twee eitjes in. Maak de dooier stuk, maar keer het eitje niet om. Leg er een plak kaas op en laat het ei gaar worden en de kaas smelten. Prak ondertussen de avocado fijn. Leg het sneetje brood even in de oven onder de grill, zodat het brood knapperig wordt (anders wordt het een wel heel papperig maaltje). Smeer de avocadoprut op je toast, leg je eitje met kaas *on top* en strooi er wat peper en zout over. Een kop sterke koffie erbij en je kunt er weer tegenaan!

Wat is het allerbeste begin van je dag op een ochtend dat je brak wakker wordt na een avond stappen? Juist. Dit ontbijt.
Nu ken ik zelf twee soorten brak-zijn: de variant waarbij ik alleen maar vet♡ voedsel wil en de andere variant waarbij ik alleen maar de hele dag fruit of komkommers kan eten.
Voor die eerste variant is dit recept een aanrader; lekker vet, kleverig, ranzig en een flinke bodem voor de rest van de dag.

♡ Overigens is het officieel juist niet goed om vet eten te eten met een kater, maar who cares?

00:40

Op de valreep heeft dit recept het kookboek gehaald; het boek was praktisch klaar, toen ik voor het eerst dit recept maakte. Maar man, dit is zo lekker, zo studentikoos en zo'n goede variant op de Kapsalon, dat dit recept absoluut niet mag ontbreken in mijn kookboek. *Pizzafries*, oftewel: patat met een pizzalaag. Of pizza op een patatbodem. Aanrader!

FRITES MET EEN PIZZALAAG

Voor 1 persoon:

- een hand ovenfrites
- 4 eetlepels pastasaus (bijvoorbeeld AH Basic)
- 2 plakjes salami
- 1 sjalotje
- ½ oranje paprika
- 2 eetlepels strooikaas
- 5 kleine bolletjes mozzarella
- 1 eetlepel oregano
- 2 theelepels kappertjes

Maak de patat klaar zoals aangegeven op de verpakking. Zelf kies ik vaak voor ovenfrites, die je in 20 minuten gaar en knapperig bakt in een oven op 220 °C. Zodra de frites klaar zijn, doe je ze in een ovenschaal. Hierover flats je de pastasaus, de in reepjes gesneden salami en in stukjes gesneden ui en paprika. Verdeel de kaas en mozzarella erover, strooi er wat oregano over en top af met wat kappertjes. Dit gaat nog zo'n 10-15 minuten op 180 °C in de oven, tot de kaas gesmolten is. Dan is het klaar en kun je lekker gaan schranzen. Geniet er van!

'VOORDAT IK GA AVONDETEN ZET IK M'N MAALTJE OP DE FOTO VOOR MIJN BLOG. DIT MOET ALTIJD SNEL EN ZONDER POESPAS, OMDAT IK ANDERS IEDERE AVOND KOUD EET!'

Ik ben echt gigantisch gek op dikke vette burgers. Het allerlekkerst – en dit zou je eigenlijk in de categorie *guilty pleasures* moeten plaatsen – vind ik dit broodje hamburger: een wit kadetje, een diepvriesburger, rauwe uiringen en veel mayonaise en curry. Zo'n kleffe burger die halverwege van ellende uit elkaar valt. Heerlijk! In het komende hoofdstuk geef ik je recepten voor iets fatsoenlijkere en creatievere burgers, die stuk voor stuk ook héérlijk zijn. Vooral die chorizoburger!

TIP: HOL JE HAMBURGER-BROODJE UIT

Ik ben nogal een vreetzak en heb daarom een gewoonte die niet echt normaal is: als ik hamburgers maak, hol ik altijd het hamburgerbroodje uit. Ik pluk er zoveel mogelijk brood uit, zodat er meer burger en beleg ín het broodje past én zodat ik minder vol raak van het naar mijn mening saaiste ingrediënt van de maaltijd: brood. Ultiem genieten van de smaken in je broodje hamburger dus! Omnomnomnom.

BURGERS

00:15 €€

ITALIAANSE HAMBURGER

met mozzarella, tomaat en basilicum

Voor 1 persoon:
- 1 kleine (afbak)ciabatta
- 1 hamburger
- olijfolie of boter
- ½ tomaat
- ½ bol mozzarella
- 3 blaadjes basilicum

Bak de ciabatta af in een voorverwarmde oven, volgens de aanwijzingen op de verpakking. Ondertussen bak je je hamburger in 8 minuutjes op halfhoog vuur in een beetje olie of boter in de koekenpan. Snijd de tomaat en mozzarella in plakken. Snijd de ciabatta doormidden en haal er eventueel wat brood uit om meer ruimte te maken voor de burger. Leg de burger op (of in!) je broodje en bedek hem met tomaat en mozzarella. Top af met wat gescheurde basilicum. *Buon appetito!*

Lekker met een salade van bijvoorbeeld rucola, balsamicoazijn en cherrytomaatjes.

Ook lekker met een plakje cheddarkaas en eventueel met een Mexicaanse salade van sla, maïs, bonen en tomaatjes ernaast.

00:15 €€

MEXICAANSE CHORIZOBURGER

met frisse avocadodip en tomaat

Voor 1 persoon:

- ciabattabroodje
- 4 centimeter chorizo
- 1 hamburger
- olijfolie
- ½ eetrijpe avocado
- 1 teentje knoflook
- 1 theelepel zure room
- peper
- zout
- optioneel een beetje limoensap
- ½ tomaat

Bak de ciabatta af in een voorverwarmde oven, volgens de aanwijzingen op de verpakking. Snijd het stukje chorizoworst in kleine stukjes en meng deze met de rauwe hamburger. Kneed er een nieuwe, ietwat langwerpige, hamburger van. Bak de burger in 8 minuten gaar in een koekenpan met een klein beetje olie. Er komt behoorlijk wat vet uit de chorizostukjes. Maak ondertussen de frisse avocadodip door je halve avocado te prakken en dit te mengen met een uitgeperste teentje knoflook en een theelepel zure room. Doe er wat peper en zout door en eventueel een kleine scheut limoensap. Smeer de avocadodip rijkelijk op je ciabatta en leg de chorizoburger erop. Snijd een tomaat in plakjes en verdeel die over je burger. Een Mexicaans biertje *on the side* en eet smakelijk!

00:20 €€

KABELJAUWBURGER

op een Waldkornbroodje met rode ui, komkommer, augurk en ravigottesaus

Voor 1 persoon:
- 1 gepaneerde kabeljauwburger
- 1 kleine rode ui
- olijfolie
- 5 centimeter komkommer
- 1 augurk
- 1 Waldkornbroodje
- 1 eetlepel ravigottesaus

Verhit de oven tot 180 °C, leg de kabeljauwburger in een ovenschaal of op het rooster en bak hem in 15 minuten gaar. Snijd ondertussen de rode ui in ringen en bak ze glazig in een koekenpan met olijfolie. Snijd de komkommer en augurk in plakjes. Halveer je Waldkornbroodje en pluk wat brood uit de bovenste helft. Beleg de onderste helft met de komkommer, uien en augurk. Leg de kabeljauwburger erop en top af met ravigottesaus. Serveer eventueel met aardappeltjes en salade.

Diepvriespizza vind ik een van de slechtste uitvindingen ooit. Het idee is leuk, maar de uitvoering is vaak vreselijk. Heb je wel eens een *pizza funghi* uit de diepvries gegeten (natuurlijk heb je dat!)? Oh, man, wat vind ik dat smerig. De pizzabodem is nog oké, maar die zoute, plastic champignonschijfjes en smerige zweetkaas, brrrr! Als je 't mij vraagt, kun je veel beter zelf je pizza maken. Het is leuk en gezellig om te doen (als je bijvoorbeeld met een groep bent en ieder zijn eigen hoekje mag beleggen) en het smaakt gewoon honderd keer beter. En ik snap heus dat een diepvriespizza gemakkelijk is, maar zelf een pizza maken is écht niet veel moeilijker!

EENS IETS ANDERS DAN DIEPVRIES PIZZA

CREATIEF MET PIZZABODEMS

PIZZADEEG VAN DANEROLLES PIZZA KIT

makkelijk - 25 min - goedkoop

Danerolles heeft een Pizza Kit gemaakt met daarin een grote rechthoekige pizzabodem die je alleen nog uit hoeft te rollen, net als met de croissants eigenlijk. Superhandig en ook behoorlijk lekker. Houd er wel rekening mee dat deze pizzabodem iets zoeter is dan je normaal gewend bent. En hij kleurt een beetje oranje ...

ITALIAANSE PIZZABODEM VAN KOOPMANS

gedoe - 25 min - goedkoop

Zelf vind ik dit het allerlekkerste pizzadeeg, maar je moet het nog wel echt zelf klaarmaken. Dat wil zeggen: het poeder mengen met precies de juiste hoeveelheid water en olijfolie. Eén groot nadeel: mijn keuken wordt altijd één grote troeptoestand omdat het deeg op het laatst overal zit (maar dit ligt ongetwijfeld aan mij). Bovendien moet je dit wel een paar keer hebben gedaan voordat je het goede deeg hebt (als in: eerst plakte het deeg altijd aan m'n handen waardoor ik het niet kon kneden, later was het te droog waardoor het niet te eten was). Even oefenen dus, maar dan heb je écht heel lekker pizzadeeg. En man, wat vult deze variant.

OUD BROOD

makkelijk - 5 min - goedkoop

Heb je nog oud brood in huis en toevallig nog wat ingrediënten voor op een pizza? Maak je pizza dan eens op oud brood! Dat smaakt hartstikke goed en is een perfecte bestemming voor iets wat je anders had weggegooid (of met moeite had opgegeten). De bereidingstijd van deze pizza is lekker kort, omdat de bodem niet meer hoeft te garen.

TURKS BROOD

makkelijk - 5 min - goedkoop

Is er een Turkse bakker bij jou in de buurt? Haal dan eens een Turks brood (kost vaak niet meer dan 50 cent) en snijd deze doormidden, zodat je een boven- en onderkant hebt. Gebruik een van de twee delen als je pizzabodem. Hartstikke lekker, makkelijk en goedkoop.

TORTILLA

makkelijk - 10 min - goedkoop

Als je zin hebt in een lichte pizza, dan zou ik zeker eens een pizza maken op een tortilla. Een flinterdunne bodem die lekker knapperig wordt. Echt een aanrader!

Zoals je ziet kun je behoorlijk veel kanten op met je pizzabodem.

NOW, LET'S MAKE SOME PIZZA!

IDIOT PROOF

00:25

€ €

Tip: Als je geen pizzasnijder hebt; gebruik een schaar! Werkt geweldig.

PIZZA MET ZALM EN SPINAZIE

Voor 1 persoon:

- ¼ pak Koopmans pizzabodem
- 3 eetlepels AH Basic pastasaus
- 2 handenvol spinazie
- olijfolie
- 1 zalmfilet
- handje strooikaas

Kneed de pizzabodem en rol uit op een bakplaat. Smeer de bodem in met de pastasaus en zet 'm 10 minuten op 220 °C in de oven. Ondertussen wok je de verse spinazie in een droge pan, zodat het wat slinkt. Druk het vocht eruit en gooi dat weg; niemand houdt van een zompige pizza, toch? ;-). Bak de zalm aan beide kanten in 5 minuten in olijfolie enigszins gaar en prak 'm daarna fijn (dit voelt als heiligschennis, zo'n mooi filetje prakken. Maar goed ...).

Haal de pizzabodem uit de oven en strooi er wat kaas over. Doe de zalm en spinazie er op en bestrooi met nóg meer kaas. Zet de pizza 12-15 minuten terug in de oven. en dan is ie klaar!

Dit is echt de gekste pizza ooit (nou ja, niet echt, maar wel bijna) maar man-oh-man, wat is dit lekker. Megamachtig, maar absoluut de moeite waard om je hier helemaal vol mee te proppen.

IDIOT PROOF

00:20

PIZZA MET BRIE, STUDENTENHAVER, SPINAZIE EN HONING

Voor 1 persoon:

- ¼ pak Koopmans pizzabodem
- 1 handje strooikaas
- 2 handenvol gewassen spinazie
- ½ brie (supermarktformaatpunt)
- 1 handje studentenhaver
- honing

Kneed de pizzabodem en rol uit op een bakplaat. Strooi er wat strooikaas over en zet dit 5 minuten op 180 °C in de oven. Laat ondertussen de spinazie slinken in een wok zonder olie, op half-hoog vuur. Druk het vocht uit de spinazie en gooi dat weg. Leg de geslonken spinazie op de pizzabodem. Daarover leg je wat plakken brie en je topt af met de studentenhaver en wat honing. Zet deze pizza nog 10-15 minuten in de oven. Let op dat de noten en de honing niet verbranden.

Haal 'm uit de oven en ga een van de gekste en tegelijk lekkerste pizza's ooit eten :D.

IDIOT PROOF 00:25 €€

PIZZA MET TOMAAT, PESTO EN RUCOLA

Voor 1 persoon:
- ¼ pak Koopmans pizzabodem
- 4 eetlepels *passata di pomodori* (gezeefde tomaten)
- 1 tomaat
- 2 eetlepels (zelfgemaakte) pesto
- 1 handjevol rucola
- Parmezaanse kaas
- 1 theelepel pijnboompitten

Maak de pizzabodem klaar zoals omschreven op de verpakking. Smeer er een laag gezeefde tomaten over. Snijd de tomaat in plakjes en verdeel die over de pizzabodem. Flats de pesto (zie pagina 28) op de pizza en zet dit 20-25 minuten op 220 °C in de oven. Als je zelfgemaakte pesto gebruikt, wordt dit mooi knapperig. Doe er bij het opdienen nog een handje rucola, wat Parmezaanse kaas en pijnboompitten over. *Enjoy!*

Deze pizza is verrassend lekker en smaakt gek genoeg haast een beetje bloemig. Het recept is ontstaan door allerlei ingrediënten die ik in huis had bij elkaar te gooien en dat bleek een geslaagd experiment!

00:25

PIZZA MET AUBERGINE, GORGONZOLA EN PAPRIKA

Voor 1 persoon:

- ¼ pak Koopmans pizzabodem
- 1 blikje tomatenpuree
- ½ zoete puntpaprika
- ¼ aubergine
- 15 gram pijnboompitten
- Provençaalse kruiden
- 50 gram gorgonzola

Maak de pizzabodem klaar zoals omschreven op de verpakking. Smeer de tomatenpuree uit over de pizzabodem. Snijd de paprika en aubergine in repen en verdeel deze over de puree. Tot slot strooi je er wat pijnboompitten en Provençaalse kruiden over en je topt af met wat gorgonzola. Deze pizza gaat 22 minuutjes op 220 °C in de oven. En dan is ie klaar :).

IDIOT PROOF

00:12

€ € €

TORTILLAPIZZA MET DRIE KAZEN

Voor 1 persoon:

- 3 kleine wraps *(cordillera's)*
- 1 blikje tomatenpuree
- ½ bol mozzarella
- een beetje gorgonzola
- 100 gram Parmigiano Reggiano

Klinkt moeilijk, is het niet. Gewoon verkrijgbaar in de supermarkt

Smeer de wraps in met de tomatenpuree. Snijd de mozzarella en gorgonzola in kleine stukjes en verdeel over de wraps. Strooi er de Parmigiano Reggiano over en zet de wraps 10 minuten in de oven op 220 °C. Binnen 12 minuten staat deze veel te lekkere maaltijd bij je op tafel. Oh, geniet er van!

Bereid je voor; dit is echt zo'n onwijs lekkere pizza, deze wil je vanaf nu iedere dag eten. Echt! En de bereiding is zó gemakkelijk! Eén nadeel: de ingrediënten, waar je maar heel weinig van gebruikt, zijn vrij duur. Maar het is het waard!

bon
appétit

IDIOT PROOF 00:10 € € €

Dit is een heel lichte maaltijd die je eventueel ook als voorgerecht of lunch zou kunnen eten. Of je maakt gewoon drie wraps klaar als avondmaal.

TORTILLAPIZZA MET PARMAHAM

met rucola, mozzarella, Parmezaanse kaas en pijnboompitten

Voor 1 persoon (kleine portie):
- 1 wrap
- ½ bol mozzarella
- 3 eetlepels tomatenpuree (blikje 7 cent bij de supermarkt)
- 3 plakken parmaham
- 1 handje rucola
- 1 theelepel pijnboompitten
- Parmezaanse kaas

Smeer de wrap in met de tomatenpuree. Snijd de mozzarella in stukjes en verdeel die over de wrap. Doe dit 10 minuten in de oven op 180 °C. Als de wrap warm en een beetje knapperig is, verdeel je de parmaham, rucola, pijnboompitten en Parmezaanse kaas erover en klaar ben je!

IDIOT PROOF 00:25 € €

PIZZABROODJES

met feta, gorgonzola, strooikaas, broccoli en tomaat op oud brood

Voor 1 persoon:
- 10 kleine broccoliroosjes
- 3 eetlepels AH Basic pastasaus
- 3 sneetjes oud brood
- 1 handje strooikaas
- 50 gram gorgonzola
- ½ tomaat
- 1 eetlepel feta

Deze pastasaus is serieus geniaal lekker als pizzabedekking!

Kook de broccoliroosjes 3 minuten. Smeer ondertussen de pastasaus op de sneetjes brood. Strooi de strooikaas erover en verdeel de gorgonzola over de pizzaatjes. Leg op ieder broodje wat broccoli en stukjes tomaat (niet het natte binnenste gebruiken) en top af met wat feta. Zet de pizzabroodjes 15 tot 20 minuten op 180 °C in de oven en eet daarna een verrassend lekkere maaltijd!

Als ik 's middags begin na te denken over m'n maaltje van die avond, dan ga ik altijd hetzelfde rijtje af in m'n hoofd: *'Heb ik zin in rijst, pasta, aardappelen, couscous of wraps?'.* Wraps kun je op veel verschillende manieren gebruiken.

Ben je alleen bekend met Mexicaanse wraps (waar ik overigens dol op ben)? Lees dan vooral eens verder en ontdek hoe je wraps kunt vullen met saté, zalm of een gekke tropische combi.

IT'S A
WRAP

IDIOT PROOF 00:10 €€

WRAPS MET MANGO, KIP, AVOCADO, FETA EN ZONGEDROOGDE TOMAATJES

Voor 1 persoon:
- 1 kipfilet (ca. 160 gram)
- olijfolie
- ½ eetrijpe mango
- 1 eetrijpe avocado
- 3 wraps
- wat feta
- 9 zongedroogde tomaatjes

Bak de kipfilet gaar, mooi bruin en knapperig in olijfolie. De mango en avocado snijd je in stukjes. Let op dat je zowel een eetrijpe mango als eetrijpe avocado hebt! Verwarm de wraps volgens de aanwijzingen op de verpakking en leg alle ingrediënten erop; de gebakken kip, stukjes mango en avocado, wat feta en zongedroogde tomaatjes. Rol dicht en zet vast met een satéprikkertje, of, als je die niet in huis hebt, met een stukje droge spaghetti! Eet smakelijk!

Soms verbaas ik mezelf totaal met het avondmaal dat ik in elkaar knutsel. Ooit verzon ik deze combinatie en jeetje, wat pakte dat goed uit. Echt een heerlijk recept, dat ook supergeschikt is voor etentjes (kies zelf wat je allemaal wel en niet op je wrap doet), een middag in het park of gewoon als heerlijk avondeten voor jezelf.

TIP: KOOP GEEN HUISMERK WRAPS

dat zijn net vaatdoekjes in vergelijking met wraps van bijvoorbeeld Casa Fiësta of TexMex.

IDIOT PROOF 00:12 €€

Het volgende recept is totaal geïnspireerd door de *McWrap* van McDonald's. Hoewel ik dat ding nog nooit heb gegeten (ik bestel al-tijd een hamburger en 20 kipnuggets. Ja, in mijn eentje ja), lijkt het me heerlijk en verzon ik er ooit mijn eigen versie van. Of eigenlijk twee eigen versies.

Variant 1: Met sla, tomaat en honingmosterddressing
Variant 2: Met sla, komkommer en zoete chilisaus

WRAPS MET KIPCORN EN SLA

saus naar keuze

Voor 1 persoon (kleine portie):
- 2 kipcorns uit het vriesvak
- 2 wraps
- een paar blaadjes sla
- 5 centimeter komkommer of wat cherrytomaatjes
- honingmosterddressing of zoete chilisaus

Overigens zou ik als volwaardige maaltijd drie van deze wraps eten, of één à twee in combinatie met wat aardappeltjes, frites of salade.

Frituur de kipcorn in 4 minuten op 180 °C of bak 'm in de oven in 10 minuten op 220 °C. Verwarm de wraps in de magnetron. Leg er wat blaadjes sla op en naar keuze, gehalveerde tomaatjes met zoete chilisaus of stukjes komkommer en honingmosterddressing. Leg de kipcorn er in en rol je wrap dicht. Een prikkertje (of stuk spaghetti) erin en klaar! Eet smakelijk!

IDIOT PROOF 00:15 € €

WRAPS MET KIPSATÉ

sperziebonen, taugé, kokosrasp en cashewnoten

Voor 1 persoon:

- een handje sperziebonen
- 160 gram kipfilet
- olijfolie
- ½ bakje Boemboe Saté
- 2 wraps
- 1 handjevol gezouten cashewnoten
- een handje taugé
- 2 eetlepels kokosrasp

Kook de sperziebonen in 8-10 minuten gaar. Vergeet van te voren niet het topje en het kontje van de bonen af te snijden (of knippen!). Snijd de kipfilet in kleine stukjes en bak ze tot ze bruin zijn in wat olie. Voeg de Boemboe Saté aan de kip toe met een beetje water (zie verpakking) en laat het even pruttelen. Verwarm de wraps in de magnetron. Hak ondertussen de cashewnoten in grove stukken. Vul de wraps met de kipsaté, de bonen, wat taugé, een eetlepel kokosrasp per wrap en wat gehakte cashewnoten. Rol ze dicht en steek er een prikkertje in. Geniet van je eens-een-keertje-wat-anders-wraps!

Iedere student kent wel een recept voor Mexicaanse wraps; met pittige kruiden, gehakt of kip en met paprika's, maïs of bonen. Ik vond het leuk om eens iets anders te proberen, zoals deze wraps met kipsaté. Het idee ontstond in het studentenhuis van *le boyfriend*, waar ik met een huisgenoot fantaseerde over deze variant. Een week later probeerde ik het uit en *wiehoe*, geslaagd experiment!

Kijk in het hoofdstuk 'Ik kan heus wel voor me zelf zorgen
voor nog een verrukkelijk zalmrecept. (pagina 140)

00:10 €€

WRAPS MET ZALM

met paprika, frisse avocadodip en limoen

Voor 1 persoon:
- 1 eetrijpe avocado
- 1 teentje knoflook
- 2 eetlepels zure room
- ½ rode paprika
- olijfolie
- 225 gram zalmfilet
- 3 kleine wraps
- limoensap

Maak de avocadodip door een avocado te prakken, deze te mengen met een uitgeperst teentje knoflook en de zure room. Snijd de paprika in reepjes en bak in olijfolie tot er bruine randjes aan komen. Bak daarna de zalm op hoog vuur, eerst de kant met het vel en na 2-3 minuutjes de andere kant. De zalm mag een beetje roze blijven binnenin. Verwarm de kleine wraps in de magnetron (3 stuks 600 Watt, 1 minuutje). Smeer de avocadodip op je wraps, leg de paprika erop en doe de zalm in je wrap. Knijp er een beetje limoensap over uit. Klaar!

'VOORDAT IK NAAR DE SUPERMARKT GA, MAAK IK ALTIJD EEN LIJSTJE MET DINGEN DIE IK NODIG HEB, OMDAT IK ANDERS TOTAAL VERDWAAL IN DE HOEVEELHEID AAN MOGELIJKHEDEN. MIJN LIJSTJES ZIJN NOOIT LANG EN ER STAAN NOOIT INGEWIKKELDE-INGREDIËNTEN-MET-VREEMDE-NAMEN-WAARVAN-JE-GEEN-IDEE-HEBT-WAT-HET-IN-VREDESNAAM-IS-LAAT-STAAN-HOE-HET-SMAAKT OP. OH EN REGEL NUMMER 1: GA NOOIT BOODSCHAPPEN DOEN MET EEN KNORRENDE MAAG'.

Over het algemeen ben ik niet echt fan van salades. Vaak vind ik het een beetje saai om 's avonds koud te eten. Toch zijn er een paar salades die ik wél echt lekker vind. Maar dan maak ik ze vooral om mee te nemen naar het park, op te eten als lunch of als het echt héél warm is als avondeten in de zomer.

SALADES

IDIOT PROOF

00:05

€ €

Vijgen zijn in het juiste seizoen gewoon verkrijgbaar in de supermarkt en anders is het écht de moeite waard om even om te rijden langs een (Turkse) groenteboer

SALADE MET MANGO, VIJGEN, AVOCADO EN BALSAMICOSIROOP

Voor 1 persoon:

- 2 vijgen
- 1 avocado
- ½ mango
- een flinke hand kropsla
- balsamicosiroop

Klinkt luxe, maar dat is het niet; gewoon verkrijgbaar in de supermarkt!

Was de vijgen, snijd het topje er af en snijd ze in partjes. Snijd de avocado en de geschilde mango in stukken. Meng de ingrediënten met de gewassen kropsla en top af met balsamicosiroop.

IDIOT PROOF 00:05 €€

SALADE MET BRIE, FRAMBOZEN, AVOCADO EN BALSAMICOSIROOP

Voor 1 persoon:
- 1 avocado
- 75 gram brie
- 75 gram veldsla
- 150 gram frambozen
- 50 gram walnoten
- balsamicosiroop

Snijd de avocado en brie in plakjes. Was de veldsla en doe in een kom, daarop de avocado en plakjes brie. Verdeel er frambozen en walnoten over en top af met balsamicosiroop. Ziet er goed uit, toch?

SALADE MET MELOEN, PARMAHAM, PECANNOTEN EN MOZZARELLA

en rozemarijncrackers

IDIOT PROOF 00:10 € €

Voor 1 persoon:
- paar stukjes oranje meloen (Cantaloupe)
- 10 centimeter komkommer
- 1 bol mozzarella
- twee handenvol eikenbladslamelange
- klein handje pecannoten
- 4 plakjes parmaham
- balsamicosiroop
- 2 crackers *Thin Crisp* Rosemary & Salt (Wasa)

Snijd de meloen, komkommer en mozzarella in stukjes. Doe de eikenblad-slamelange in een kom en meng met de meloen, komkommer, pecannoten, parmaham en mozzarella. Top af met balsamicosiroop en verkruimel de rozemarijn-zeezoutcracker eroverheen.

IDIOT PROOF 00:10 €€

SALADE MET VIJGEN, PISTACHENOTEN, PARMEZAANSE KAAS, ROSBIEF EN TOMAATJES

Voor 1 persoon (kleine portie):
- 50 gram veldsla
- 4 plakjes rosbief
- peper
- 5 romaatjes
- een 1 handje gepelde ongezouten pistachenoten
- 1 vijg
- wat Parmezaanse kaas
- balsamicosiroop

Was de veldsla en verdeel over je bord. Drapeer daarop de in stukken gescheurde rosbief en wat peper. Snijd de romaatjes in halfjes en verdeel over de salade. Was de vijg, snijd het topje er af en snijd in stukjes. Strooi er de pistachenoten en wat Parmezaanse kaas over en top af met balsamicosiroop. *De-li-cious.*

'Fake it till you make it!' is zo'n beetje mijn slogan bij etentjes. Hoe leuk is het als al je gasten onder de indruk zijn van jouw avondmaal, terwijl het je amper moeite heeft gekost? Ik hou er in ieder geval van :D.

Komen je ouders op bezoek of heb je een date? Met de volgende recepten wek je de schijn dat je héél goed kunt koken, terwijl het eigenlijk heel simpele gerechten zijn.

IK KAN HEUS WEL VOOR MEZELF ZORGEN

INDRUK MAKEN MET EEN SUPERSIMPEL RECEPT

IDIOT PROOF 00:25 €€

ZALM MET ROOMKAAS IN BLADERDEEG

met gekookte spinazie

Ik kan niet genoeg benadrukken hoe cool het is om iets klaar te maken dat echt 0,0 moeite kost, maar er toch indrukwekkend uitziet en geweldig smaakt. Ook dit recept behoort tot die categorie. Deze zalm in bladerdeeg is gigantisch makkelijk klaar te maken en bevat maar vier echte ingrediënten. Vind ik leuk!

Voor 1 persoon:

- 1 zalmfilet van ca. 180 gram
- 1 eetlepel kruidenroomkaas
- 2 plakjes bladerdeeg (ontdooid)
- een beetje ei
- paneermeel
- 100 gram spinazie

Verhit de oven tot 200 °C. Snijd de zalmfilet door (zodat je een boven- en onderkant hebt) en smeer er roomkaas tussen. Leg de twee stukken zalm weer op elkaar en leg het geheel op een plakje bladerdeeg. Vouw het andere plakje bladerdeeg over de zalm en maak het pakketje aan alle kanten dicht. Dit kan in de vorm zoals op de foto hiernaast (met leuke streepjes erop met behulp van een vork), maar voor de smaak maakt dat natuurlijk niets uit. Smeer er eventueel een beetje ei over, zodat het pakketje straks mooi bruin uit de oven komt. Bedek de bodem van een ovenschaal met paneermeel. Dit doe je om tegen te gaan dat vocht uit de zalm of van de roomkaas in het bladerdeeg trekt. Leg je bladerdeegpakketje op de paneermeel en zet de schaal 20 minuten in de oven. Houd in de gaten of het bladerdeeg niet verbrandt. Doe er eventueel aluminiumfolie overheen als 'ie wel erg snel bruin wordt.

Laat ondertussen de spinazie in warm, bijna kokend, water slinken. Serveer de spinazie naast het zalmpakketje. En hoewel deze maaltijd misschien wat karig klinkt, is het behoorlijk machtig. Man, wat is dit lekker!

IDIOT PROOF 00:25 €€

KOOLVISFILET MET EEN ITALIAANSE BROODKORST

en pastasalade

Voor 1 persoon (kleine portie):
- 1 koolvisfilet uit het vriesvak
- 1 sneetje brood (wit of maïs)
- een scheut olijfolie
- 1 tomaat
- 8 blaadjes verse basilicum
- 1 teentje knoflook
- peper
- zout
- 1 handjevol pasta
- 1 handjevol rucola

Leg de bevroren koolvis in een ingevette ovenschaal. Scheur het sneetje brood in stukjes in een kommetje. Zo fijn mogelijk! Schenk er een scheut olijfolie over, knijp de tomaat er boven uit, doe er wat gescheurde verse basilicum bij, pers er het teentje knoflook over uit en meng dit alles tot een prutje. Eventueel met de staafmixer, met een vijzel en anders gewoon met een vork. Het moet wel echt een lekker vies prutje worden. Verdeel het mengsel over de vis zodat deze helemaal bedekt is. Strooi er wat peper en zout over. Zet de schaal 15-20 minuten op 200 °C in de oven. Houd in de gaten dat je broodkorst niet verbrandt.

Kook ondertussen de pasta en laat 't afkoelen. Snijd de uitgeknepen tomaat in reepjes en meng samen met de rucola door de pasta. Serveer de vis met broodkorst bovenop je pastasalade en geniet van een héél lekkere maaltijd. Gigasmakelijk, heel makkelijk klaargemaakt en het ziet er best *impressive* uit, toch?

IDIOT PROOF 00:15 € €

PANGASIUSFILET MET EEN AZIATISCH DAKJE

met rijst

Voor 1 persoon:

- 1 teentje knoflook
- ½ rode peper
- 2 eetlepels sojasaus
- een paar druppels sesamolie
- 2 eetlepels bruine basterdsuiker
- 1 kleine ui
- roomboter
- 1 pangasiusfilet
- 1 kopje rijst
- 1 handjevol sperziebonen
- ½ rode paprika
- 1 eetlepel sesamzaadjes

Pers het knoflookteentje fijn en snijd de rode peper fijn. Meng dit met de sojasaus, wat sesamolie, de bruine suiker en een uitje die je eerst even glazig bakt in een pan met wat boter. Doe wat roomboter in een koekenpan en leg de pangasiusfilet erin. Schenk de saus erover, dek de pan af en laat de vis in zo'n 8-10 minuten gaar pruttelen. Je hoeft de vis niet te keren.

Kook de rijst in 8 minuten gaar. Als je van groente houdt, kun je daarnaast een Chinees/Aziatisch/Thais groentepakket wokken, of zelf iets maken met gekookte sperziebonen en gebakken rode paprika.

Strooi bij het opdienen nog wat sesamzaadjes over de vis en ga daarna genieten (al dan niet met je date) van deze heerlijke maaltijd. Het sausje is mooi zoet, pittig en supersmaakvol en in combinatie met die vis is dat onwijs lekker. *Enjoy!*

Met koken ben ik altijd al behoorlijk *online* geweest. Dit recept is bijvoorbeeld afkomstig van het Elle Girl-forum; een internetforum waarop ik vroeger regelmatig actief was. De credits voor dit recept gaan naar 'Eitje', die het daar ooit postte. Bedankt voor het delen, Eitje!

Daarnaast belangrijk om te vermelden: dit recept heeft al eens succes geboekt tijdens een date! Een vriend van me maakte voor zijn eerste date met z'n huidige vriendin deze pangasiusfilet klaar en maakte daarmee behoorlijk indruk. De chick in kwestie dacht dat hij goed kon koken en – jeej – laat dat nou precies de bedoeling zijn van dit hoofdstuk: indruk maken met een gruwelijk simpel recept.

Alle credits van dit recept gaan naar mijn eerste huisgenootje in Amsterdam. Hoe ze aan dit recept is gekomen weet ik niet, maar sinds ze het mij leerde ben ik verkocht. Het is gigalekker, heel makkelijk klaar te maken en het ziet er überverrukkelijk uit. Hoe je dit goddelijke maaltje klaarmaakt? Dat ga ik je nu vertellen!

IDIOT PROOF 00:25 €€

PANGASIUSFILET MET EEN PIJNBOOMPITTENPRUTJE

en Roseval aardappelen

Voor 1 persoon:
- 50 gram pijnboompitten
- 15 gram verse basilicum
- 1 teentje knoflook
- olijfolie
- 1 eetlepel Italiaanse kruiden
- pangasiusfilet
- 10 romaatjes

Eventueel: 3 Roseval aardappelen/ciabatta/1 zoete aardappel

Ben je niet zo gek op pangasius? Probeer het eens met tilapia of kabeljauw!

Verhit de oven tot 180 °C. Hak de pijnboompitten fijn en vermeng ze met gesneden basilicum, een uitgeperste teentje knoflook, een beetje olijfolie en de Italiaanse kruiden tot een lekker prutje. Leg de ontdooide pangasiusfilet in een ingevette ovenschaal en verdeel het prutje over de vis. Zet het geheel 20 minuten in de oven. Snijd ondertussen de romaatjes in plakjes en leg ze op je bord. Strooi er wat verse basilicum over en serveer de vis *on top*. Of chiquer gezegd: op een bedje van tomaat en basilicum.

Bij dit gerecht kun je Roseval aardappelen (15 minuten in de schil gekookt), een stuk ciabatta of een puree van zoete aardappelen serveren.

Soms moet je jezelf verwennen. Bijvoorbeeld als je studiefinanciering of je salaris net is gestort. Heb je net dagenlang geleefd op knakworsten, pasta, rijst en diepvriespizza (*poor you!*)? Dan is het na de 24ste/25ste van de maand tijd voor lekker duur voedsel. In het komende hoofdstuk vind je een paar gerechten die ik klaarmaak zodra mijn salaris binnen is. Stuk voor stuk goddelijk en stuk voor stuk net een beetje te duur. Dus: gewoon met je ogen dicht pinnen en aan 't einde van de maand compenseer je het wel weer … Geniet ervan!

ALS JE GELD
NET BINNEN IS

Ik wil nog wel eens experimenteren in de keuken en zulke experimenten willen nog wel eens behoorlijk mislukken. Maar dat geldt zeker niet voor dit recept! Ooit maakte ik voor het eerst deze gebraden kippenbout en pfoe, wat was dat lekker. Zo lekker dat ik bang was dat ik dit gerecht nooit opnieuw zo lekker klaar zou kunnen maken.
Maar de tweede keer bereidde ik het gerecht op exact dezelfde manier, en ja hoor, weer verrukkelijk! Probeer het alsjeblieft eens uit; dit recept is werkelijk grandioos lekker...
Maar wel als je stufi of salaris net binnen is, want de ingrediënten zijn helaas niet goedkoop.

Wat ga je doen? Een kip braden. In een braadpan! Dat had ik ook nog nooit gedaan, gewoon omdat het me te moeilijk leek. Op internet zocht ik op hoe het moest, maar daar vond ik alleen maar informatie over thermometers die je in de kip moest stoppen (70 °C is kennelijk de juiste temperatuur voor een gare kip) en allemaal andere moeilijke toestanden. Ik besloot er maling aan te hebben en gewoon maar wat te doen. Met het risico, en vooral de verwachting, dat het enorm zou mislukken. Wat dus niet gebeurde. (Begin ik nou goed te worden in koken? Nee toch ...?).

00:60 €€€

IN DE PAN GEBRADEN KIPPENBOUT

met gedroogde abrikozen, paprika en spinazie-couscoussalade met feta

Voor 1 persoon:
- (vloeibare) braadboter
- 1 kippenbout
- 1 kleine rode paprika
- 1 glas rode wijn
- 1 kippenbouillonblokje
- een handje gedroogde abrikozen
- 60 gram couscous
- een volle hand verse spinazie
- wat feta

Ook nodig: een braadpan

Zet de braadpan op halfhoog tot hoog vuur. Doe er een scheut braadboter in en laat dit even warm worden. Leg de kippenbout in de pan en bak 'm kort aan beide kanten goudbruin. Snijd de paprika in grove stukken en bak ze even mee met de kip. Voeg er de rode wijn aan toe, een verkruimeld bouillonblokje en een half glas water. Laat dit op halfhoog vuur pruttelen met de deksel op de pan. Het pruttelen duurt in totaal wel 50 minuten tot een uur. Roer af en toe even door. Begint de kip droog te staan, voeg dan nog wat extra rode wijn of water toe. Voeg na 25 minuten de abrikozen toe. Als het gerecht bijna 50 minuten op het vuur staat, laat je de saus nog een beetje indikken (dus geen nieuw vocht meer toevoegen).

Laat ondertussen de couscous wellen in 60 milliliter kokend water en vermeng met de spinazie, die je heel even hebt laten slinken in gekookt water. Serveer de kip op de spinaziecouscous, drapeer er de stroperige groenten en saus overheen en top af met wat feta. En dan? Dan ga je ontzettend lekker eten. Het is veel te luxe, te duur, je staat te lang in de keuken en moet iets doen wat moeilijk klinkt, maar oh, het is het waard. Een dikke, vette aanrader, deze kip!

00:05

GNOCCHI MET RICOTTA

courgette, basilicum, peterselie, citroen en Parmezaanse kaas

Voor 1 persoon:
- 12 centimeter courgette
- olijfolie
- een hand gnocchi
- een flinke pluk verse peterselie
- een flinke pluk verse basilicum
- 3 flinke eetlepels ricotta
- ½ limoen
- 1 eetlepel Parmezaanse kaas
- peper

Snijd het stuk courgette in dunne reepjes en bak in olijfolie mooi bruin. Kook de gnocchi in 3 minuten gaar. Hak de peterselie en basilicum fijn en meng de kruiden door de ricotta, samen met het sap van de limoen. Roer de gnocchi door de ricotta en voeg de courgette er aan toe. Schep het mengsel op je bord en top af met wat extra basilicum en peterselie. Strooi er Parmezaanse kaas over en een klein beetje peper. Klaar!

Een verrukkelijke maaltijd
waarvan ik de credits helaas
niet aan mezelf kan
toeschrijven. Dit receptje
komt uit Allerhande magazine
2007 nr. 07, want tja, dit
ex-studentje heeft ook wel eens
inspiratie nodig ;-)

00:15 €€€

KNALGROENE COUSCOUS

met spinazie, munt, chorizo, garnalen, paprika en feta

Voor 1 persoon:

- een flinke hand verse spinazie
- een flinke pluk verse munt
- ½ rode ui
- 75 gram couscous
- 5 centimeter chorizo
- olijfolie
- ½ gele paprika
- ½ rode paprika
- 125 gram grote garnalen
- 1 eetlepel feta

Hak de spinazie, de munt en de rode ui heel fijn en doe het mengsel in een hittebestendige schaal. Voeg de couscous en 75 milliliter kokend water aan het mengsel toe en laat de couscous wellen. Snijd de chorizo in schijfjes en bak met een klein beetje olijfolie twee minuutjes in de pan. Snijd ondertussen de gele en rode paprika in stukjes. Bak deze samen met de garnalen nog vier minuutjes mee met de chorizo en schud de pan regelmatig. Doe de inmiddels knalgroene couscous op je bord en giet het mengsel uit de pan er bovenop. Top af met wat feta en een blaadje munt voor de sier. *Enjoy* deze kleurige maaltijd!

Geïnspireerd door een recept van Jamie Oliver! Maar dan makkelijker ;-)

00:10 €€€

SUSHIBOWL MET AVOCADO, ZALM, NORI, SESAM, KOMKOMMER EN SOJASAUS

Voor 1 persoon:
- 1 kopje witte rijst
- 1 zalmfilet geschikt voor sushi (visboer)
- ½ avocado
- 8 centimeter komkommer
- sojasaus (Kikkoman)
- 3 vellen nori (dat zwarte zeewierblad)
- 1 eetlepel sesamzaadjes
- een beetje mayonaise

Kook de rijst volgens de aanwijzingen op de verpakking. Snijd de zalm, avocado en komkommer in stukjes. Meng deze in een kom met wat sojasaus en de nori, die je in stukjes scheurt. Giet de gekookte rijst af en spoel af met koud water, zodat het meteen afkoelt. Voeg de rijst toe aan je kommetje met sushi-ingrediënten en roer er nog wat sesamzaadjes door. Nog een beetje mayonaise en klaar ben je.

Een heleboel ingrediënten en ook nog eens niet de goedkoopste, maar wat een succes blijkt dit recept keer op keer! Heb je zin in sushi, maar wil je niet uit eten of zelf veel moeite doen voor plakkerige rijstrolletjes die nooit zo mooi worden als je wilt? Ik heb de oplossing: gooi al je ingrediënten in een kommetje, een beetje husselen, en ja hoor: daar heb je je sushi. In een *bowl*.

En natuurlijk heb ik het beste voor het laatst bewaard. Op mijn blog staan inmiddels ruim 850 recepten. Een heleboel echt mislukte maaltijden (want ja, daar blog ik ook gewoon over) en een paar geweldig-lekkere-best-gelezen-je-gaat-nooit-meer-lekkerder-eten-dan-dit-recepten. In het komende hoofdstuk een paar recepten die in de laatste categorie vallen. Echt de allerlekkerste recepten die online staan. Mijn lievelingsgerechten. En dat vind ik niet alleen; dit zijn de recepten die het meest zijn bekeken, uitgeprobeerd en positief ervaren door de lezers van mijn blog.

DE ALLERBESTE RECEPTEN ONLINE

Je bent in het tofste hoofdstuk van dit kookboek aangekomen en dan ook nog eens bij het aller-aller-allerlekkerste recept. Kip in bladerdeeg is mijn *all-time-favourite* gerecht én dat van veel van m'n lezers. Het is makkelijk, heel smakelijk, altijd succesvol bij etentjes en dus eigenlijk gewoon in één woord geweldig :D. Wil je dit alsjeblieft een keertje klaarmaken als je het nog niet kent? Echt, ik raad het je aan!

00:25 €€

KIP MET ROOMKAAS EN ZONGEDROOGDE TOMAAT IN BLADERDEEG

met spinaziesalade en rozemarijnaardappeltjes

Voor 1 persoon:
- 100 gram kipfilet
- 1 eetlepel kruidenroomkaas
- 1 zongedroogd tomaatje
- 1 plakje bladerdeeg
- een beetje ei
- 2 aardappelen
- 1 takje verse rozemarijn
- olijfolie
- een handje spinazie
- 4 romatomaatjes
- zout

Verhit de oven tot 220 °C. Snijd een inkeping in de kipfilet, smeer er roomkaas tussen en leg een zongedroogd tomaatje op de roomkaas. Klap de kipfilet dicht of rol 'm enigszins op, zodat er zo min mogelijk roomkaas naar buiten komt. Vouw een plakje bladerdeeg (ontdooid, met de plakkerige kant naar binnen) om de kipfilet zodat je een deegbol krijgt. Er mag nergens meer kip zichtbaar zijn. Smeer eventueel wat ei op het bladerdeeg. Dit zorgt ervoor dat je kippenbol mooi goudbruin uit de oven komt, maar het is voor de smaak absoluut geen *must*. Leg de kippenbol in een ingevette ovenschaal en doe 'm 20-25 minuten in de oven.
Ondertussen maak je rozemarijnaardappeltjes door de aardappelen te koken en ze daarna in partjes te snijden. Vermeng de partjes met wat verse rozemarijn en olijfolie en bak ze in de pan tot ze mooi bruin en knapperig zijn.
Serveer naast de kip in bladerdeeg en rozemarijnaardappeltjes een salade van rauwe spinazie met romatomaatjes, wat zout en olijfolie. Eet smakelijk!

Goed om te weten:
Het bladerdeeg goed gaar krijgen vind ik tot op de dag van vandaag nog steeds een kunst, dus *don't worry* als het niet in één keer helemaal goed gaar wordt.
Zelf met halfgaar bladerdeeg is dit gerecht goddelijk ;-).

IDIOT PROOF 00:10 €€

Dit is een pastarecept zonder pasta; die vervang je namelijk door courgette. Hierdoor wordt het niet alleen gezond (*who cares?!*), maar ook iets lichter. En dan in combinatie met de ietwat zoetige, zelfgemaakte pastasaus: heel erg lekker! J

PASTA VAN COURGETTE

met zelfgemaakte, zoete pastasaus en kip

Voor 1 persoon:

- 1 courgette
- olijfolie
- peper
- zout
- 200 gram kipfilet
- 100 milliliter ongeklopte slagroom
- 1 teentje knoflook
- een plukje verse basilicum
- 1 pot gegrilde rode paprika's (295 gram)

Snijd de courgette in de lengte door vieren en snijd vervolgens in heel dunne slierten. Dit is echt een rotklus, maar het is voor een goed doel! Kook de courgette maximaal 2 minuten en leg de slierten daarna op je bord. Schenk er wat olijfolie over en een beetje peper en zout. Snijd de kipfilet in stukjes en bak deze goudbruin. Giet de slagroom in het pannetje dat je voor de courgette hebt gebruikt en laat het langzaam warm worden. Doe de knoflook, basilicum en gegrilde paprika's erbij. Laat het geheel 5 minuten zachtjes pruttelen en prik af en toe in de paprika's, zodat de sappen lekker vrijkomen. Pureer de saus vervolgens met een staafmixer en laat 'm daarna nog heel even op hoog vuur indikken. Serveer de kip op de courgettes en schenk de saus er overheen. Klaar alweer!

IMPROVISATIE MELANZANE

00:40 €€

Voor 1 persoon:

- 1 aubergine
- 10 blaadjes verse basilicum
- 500 milliliter *passata di pomodoro* (gezeefde tomaten)
- 1 grote bol mozzarella
- een handje rucola
- zout
- peper
- 2 eetlepels amandelen
- eventueel voor erbij: Turks brood

Zo hoor je het te maken: snijd de aubergine in plakken van 1 centimeter en bestrooi de plakken met heel veel zout. Laat het zout 20 minuten intrekken en was het er dan weer af met water. Dep de aubergine droog en gril de plakken in de pan.

En zo maak ik het: snijd de aubergine in plakken van 1 centimeter dik en bak ze in de pan (ik probeerde het wel uit met dat zout, maar ik merkte niet echt een significant verschil en vond 't veel te veel werk. Sorry culi's, ik doe vast iets fout. Of ik ben te lui). *Anyway,* als de aubergine gebakken is doe je de plakken in een ingevette ovenschaal met de verse basilicum. Daarover schenk je de gezeefde tomaten en je topt af met plakken mozzarella. Zet de schaal voor 30 minuten op 180 °C in de oven. Serveer met een pluk rucola en wat in de pan geroosterde amandelen. En eventueel Turks brood. Eet smakelijk!

Aubergine vind ik echt verrukkelijk, maar het zelf klaarmaken blijft echt een crime. Wát een moeilijke groente. Toch waag ik me er zo nu en dan aan, want dit receptje is om je vingers bij af te likken. Een lezeres van mijn blog tipte dat Turks brood hier heel goed bij combineert en ik vermoed dat dat inderdaad het geval is. Dus sla dat ook lekker in!

IDIOT PROOF 00:05 €€€

GNOCCHI MET SPINAZIE, RICOTTA, PARMEZAANSE KAAS EN PIJNBOOMPITTEN

met citroen, peterselie en peper

Voor 1 persoon:

- 1 handje gnocchi
- 2 handen verse spinazie
- 2 eetlepels ricotta
- 1 handje Parmezaanse kaas
- 1 eetlepel pijnboompitten
- ½ limoen
- een plukje verse peterselie
- olijfolie
- zwarte peper

De ingrediënten voor dit avondmaal zijn best prijzig, maar wat is het 't waard! Bovendien houd je behoorlijk wat ingrediënten over, waarmee je prima de gnocchi van pagina 152 kunt klaarmaken. Die is namelijk net zo gruwelijk verrukkelijk als deze variant.

Kook de gnocchi in 2 tot 4 minuten gaar. Wok de spinazie in een wok met een beetje olijfolie tot het mooi geslonken is. Voeg er dan wat zwarte peper aan toe. Giet de gnocchi af en bak ze nog even mee in de wok (een paar minuutjes) zodat ze nog een beetje krokant worden. Is geen *must* trouwens. Dan schep je de gnocchi met de spinazie op je bord met een flats ricotta erover, knijp de limoen erover uit, strooi er flink wat Parmezaanse kaas over en top het gerecht af met pijnboompitjes. De pijnboompitjes kan je van te voren nog even in de pan roosteren (zonder olie, en let goed op dat ze niet aanbranden). KLAAR!

Easy breezy beautiful! Een geweldig recept, al zeg ik het zelf ♡schouderklopje♡.

#omnomnomnom

00:30 €€€

SPAGHETTI MET ITALIAANSE GEHAKTBALLETJES IN TOMATENSAUS

Voor 2 personen:
- 400 gram half-om-halfgehakt
- 2 eetlepels oregano
- 4 eetlepels paneermeel
- olijfolie
- 500 gram gezeefde tomaten
- 8 cherrytomaatjes
- 170 gram diepvriesspinazie
- 1 eetlepel pijnboompitten
- 1 bol buffelmozzarella
- 150-200 gram spaghetti
- 15 gram verse basilicum

Bij hoge uitzondering kook ik wel eens een maaltje waarbij de ingrediëntenlijst lang is. Te lang eigenlijk. Maar dit recept is het zó waard. Ik vind het niet alleen zélf een gruwelijk lekkere maaltijd, ook van m'n bloglezers krijg ik alleen maar geweldige feedback. Uitproberen dus.

Meng het gehakt met de oregano en paneermeel en kneed er balletjes van, ongeveer ter grootte van een pingpongbal. Bak de gehaktballetjes heel even rondom bruin in een koekenpan met een klein laagje olijfolie. Verhit ondertussen de oven tot 180 °C. Vet een ovenschaal in met olijfolie en schenk de gezeefde tomaten er in. Verdeel de hele cherry-tomaatjes, stukjes diepvriesspinazie en blaadjes basilicum over de saus. Leg er vervolgens de gehaktballen in en bestrooi met pijnboompitten en mozzarella. Zet het geheel 20 minuten in de oven. Ondertussen kook je de spaghetti beetgaar. Serveer de saus over de spaghetti en drapeer er voor de sier een basilicumblaadje bovenop.

00:15 €€

ZOMERSE COUSCOUS MET TANDOORISPIESJES

met mango, paprika, komkommer, yoghurt

Voor 1 persoon:

- 150 gram kipfilet
- olijfolie
- 1 eetlepel Verstegen Kruidenmix kip tandoori
- 75 gram couscous
- ¼ mango (150 gram)
- 10 centimeter komkommer
- ½ rode paprika
- 1 teentje knoflook
- peper
- zout
- een beetje yoghurt

Wat een plezier dat ik dit recept nog eens klaar mocht maken voor mijn kookboek, want oh oh oh, het is zó lekker! De smaken in dit maaltje passen echt perfect bij elkaar. En zó makkelijk klaar te maken. I like!

Snijd de kipfilet in stukjes en smeer ze in met olijfolie en de tandoorikruiden. Laat dit even intrekken, terwijl je de rest van het gerecht klaarmaakt. Laat de couscous wellen in 75 milliliter kokend water. Ondertussen snijd je de mango, komkommer en paprika in kleine stukjes. De paprikastukjes bak je even in de pan, ongeveer een minuut of 4. Meng de couscous met de groenten en mango en voeg daarna een uitgeperst teentje knoflook, peper en zout toe. Rijg de kipstukjes aan satéprikkers en bak ze rondom bruin en gaar in de koekenpan. Serveer de kipspiesjes op de couscous en schenk er op kunstzinnige wijze wat yoghurt overheen.

IK HEB HET AL GEZEGD,
MAAR DIT IS ECHT ZO LEKKER!
DO TRY THIS AT HOME!

00:10 €€€

WRAPS MET REUZENGARNALEN

met avocado, paprika, rucola, limoen, crème fraîche en Grana Padano

Voor 1 persoon:

- 100 gram ongepelde reuzengarnalen (diepvries)
- ½ gele paprika
- ½ rode paprika
- ½ groene paprika
- olijfolie
- 1 limoen
- peper
- zout
- 3 wraps
- 2 eetlepels crème fraîche
- ½ avocado
- 1 handjevol rucola
- 2 eetlepels Grana Padano

Laat de garnalen ontdooien en pel ze. Waarschuwing: dit is echt een smerige klus, maar het is het waard! Snijd de paprika's in stukken en bak ze in een koekenpan met olijfolie tot ze een beetje gegrild zijn. Voeg de garnalen toe en bak ze mee totdat ze aan beide kanten roze gekleurd zijn. Knijp er een limoen over uit en strooi er wat peper en zout over. Verwarm de wraps in de magnetron. Smeer ze in met crème fraîche en geprakte avocado. Leg de garnalen en de paprika erop, strooi er wat rucola over en top af met de kaas. Vouw de wraps dicht en klaar ben je.

EEN HEEL MAKKELIJKE MAALTIJD DIE ZÓ LEKKER IS. EÉN VAN MIJN FAVORIETE GERECHTJES.

Dit was het eerste recept dat ik klaarmaakte nadat mijn blog in juni 2013 viral ging. In één weekend groeide de Facebook-pagina van mijn blog van 1600 naar 25.000 likes. Ik moest dus even heel goed nadenken wat ik die avond in vredesnaam klaar zou gaan maken; opeens stond ik voor 25.000 mensen te koken! Slik ... Het werden deze wraps en dat was een goede keuze, want wat pakte dít lekker uit, zeg. Een veel te dure maaltijd voor studenten, maar wel een héél lekkere. En het schijnt dat de 3-euro-garnalen uit het vriesvak van IKEA *(of all places)* erg goed zijn. En dan valt 't opeens wel weer mee.

TJA ... EN DAN BLIJFT ALLEEN DE AFWAS NOG OVER ...

KUN JE ER GEEN GENOEG VAN KRIJGEN?

Dit kookboek is een bundeling van de beste recepten die nu online staan, maar er wachten op mijn blog nog een stuk of 850 andere recepten op je! Meer inspiratie nodig voor je avondeten? Of vond je geen van deze recepten te eten en zit je nog steeds met een lege maag? Bezoek dan zeker eens mijn site GEWOONWATEENSTUDENTJESAVONDSEET.blogspot.nl.

VIND JE DIT KOOKBOEK LEUK?

Like mijn boek & blog op facebook.com/gewoonwateenstudentjesavondseet. Dat vind ik niet alleen heel leuk (jeej!), maar jij blijft ook nog eens op de hoogte van de nieuwste recepten online. Iedere avond inspiratie voor je avondeten!

VOND JE MIJ LEUK?

Volg me via instagram.com/lterveld. Daar krijg je een kijkje in mijn leven. Waarschuwing: heel veel foodfoto's, dus gegarandeerd dat je er honger van krijgt.

LAAT JE MENING HOREN!

Ik hoor heel graag wat je van dit kookboek vindt. Tweet @lterveld en laat je mening horen! Vond je het te gek of juist helemaal niks?
Gebruik de *hashtag* #gewoonwateenstudentjesavondseet, dan zal ik je tweet zeker lezen. (Uitdaging: in 107 karakters laten weten wat je er van vond; tja, die naam is lang hè?)

WIST JE DAT ...

... ik voor mijn blog ook actief ben op YouTube? Ben je benieuwd naar mijn *guilty pleasures* (ik verklap alvast: aardappelpuree uit een zakje, zie hoofdstuk stamppot, pagina 50), in welke supermarkt je het beste je avocado kunt kopen of andere random fooddingen? Abonneer je op mijn YouTube-kanaal via youtube.com/wateenstudentjeeet.

See you online!

REGISTER

DANKWOORD

Als eerste wil ik natuurlijk Paul, de uitgever van dit boek, bedanken. Bedankt dat je me de kans hebt gegeven om een boek uit te brengen (een kookboek! Ik?! Geloof je het? Ik kan helemaal niet goed koken!) en dat je me heel vrij hebt gelaten om te doen wat volgens mij juist was. En Juliët, jij ook bedankt dat je me precies goed aanvoelde; hoewel ik m'n deadlines niet altijd haalde wist je me op exact de juiste momenten toch te motiveren om door te gaan. En Cathelijne en Martien, jullie ook bedankt voor de fijne samenwerking. Ook fotograaf Tine wil ik bedanken; wat is het iedere keer toch relaxed om met jou te shooten en wat lever je mooi werk af.

Verder wil ik echt mijn dank uitspreken richting mijn vrienden, zus en collega's die me gigantisch hebben gesteund tijdens het maken van dit boek en al mijn enthousiaste verhalen hebben aangehoord over het hele proces. Ik had 'm soms nodig, de 'Kom op Leonie!', en jullie wisten me steeds goed te motiveren.

Ook mijn ouders wil ik bedanken, vooral omdat ze me al jarenlang iedere verjaardag verwennen met de leukste kookspullen en kitscherige glazen serviezen waar ik zo dol op ben. Maar ook de uitspraak 'Je oma zou trots op je zijn' heeft me heel erg geholpen.

Heel belangrijk zijn natuurlijk ook mijn lezers van mijn blog geweest; bedankt voor jullie superenthousiaste reacties op het nieuws dat ik een kookboek ga uitbrengen (wat zeg ik? Het kookboek heb je nu gewoon in je handen!). Dat heeft zo veel motivatie gegeven om dit project door te zetten! Dank daarvoor. Jullie zijn *awesome!*

Boekverzorging & illustraties: Martien Holtzappel, Martien.nu
NUR 441
ISBN 978 94 92037 022

Eerste druk oktober 2014
Tweede druk november 2014
Derde druk juni 2015
Vierde druk december 2015
Vijfde druk februari 2017
Zesde druk februari 2018

Uitgeverijbrandt.nl